杨微 著

ZHIZAOYE QIYE ZICHAN ZHILIANG
JIQI XINXI HANLIANG YANJIU

制造业企业资产质量及其信息含量研究

四川大学出版社
SICHUAN UNIVERSITY PRESS

项目策划：梁　平
责任编辑：杨　果
责任校对：孙滨蓉
封面设计：璞信文化
责任印制：王　炜

图书在版编目（CIP）数据

制造业企业资产质量及其信息含量研究 / 杨微著
. — 成都：四川大学出版社，2021.8
ISBN 978-7-5690-4974-9

Ⅰ．①制… Ⅱ．①杨… Ⅲ．①制造工业－工业企业管理－质量管理－研究－中国 Ⅳ．① F426.4

中国版本图书馆 CIP 数据核字（2021）第 176892 号

书名	制造业企业资产质量及其信息含量研究
著　者	杨　微
出　版	四川大学出版社
地　址	成都市一环路南一段 24 号（610065）
发　行	四川大学出版社
书　号	ISBN 978-7-5690-4974-9
印前制作	四川胜翔数码印务设计有限公司
印　刷	郫县犀浦印刷厂
成品尺寸	170mm×240mm
印　张	10.5
字　数	202 千字
版　次	2021 年 11 月第 1 版
印　次	2021 年 11 月第 1 次印刷
定　价	68.00 元

◆ 版权所有 ◆ 侵权必究

◆ 读者邮购本书，请与本社发行科联系。
　电话：(028)85408408/(028)85401670/
　(028)86408023　邮政编码：610065
◆ 本社图书如有印装质量问题，请寄回出版社调换。
◆ 网址：http://press.scu.edu.cn

四川大学出版社
微信公众号

前　　言

中国经济要实现高质量发展，实体企业是微观基础，资本市场是中观保障。企业优质经营、呈现良好的财务状况，并与资本市场形成良性互动，是我国净化市场环境、完善市场机制，实现经济可持续发展的内在动力。因此，科学有效地评价企业真实的财务状况和运营质量，考察资本市场的资源配置效率，可充分体现理论研究与现实需求之间的辩证关系。本书即以此为目的展开研究。

在评价企业财务状况的研究中，往往侧重于盈利数据或盈利质量的考察，对于资产质量的关注较少。然而，资本市场中股票"暴雷"的事件频发，多数与企业资产状况恶化相关，预示着以盈利为主导的股票价格很可能会与企业内在价值发生偏离；根据现行资产负债观的会计理念，资产是第一要义，盈余仅是资产动态变化的结果呈现，对资产质量的考察无疑更能洞察到企业财务状况变化的动态过程和盈余数据背后真实的财务活动效率。笔者以为，无论是实践经验还是理论指导，都提示我们，关注资产质量并将其与资本市场动态相联系，对于企业自身发展和市场机制完善都意义重大。基于此，本书选择以资产为切入点，着力对以下问题进行探究：①既然资产质量是透视企业质量较为直观和可靠的途径，那么如何对资产质量进行界定和评价？资产质量的现状又是怎样的呢？②在上市公司与资本市场的互动机制中，资产质量是否发挥了信息效用？其信息含量和传递机制具体如何呢？

为使以上问题得到科学的解答，本书以中国制造业上市公司为研究样本，对制造业企业资产质量及其信息含量进行深入研究。

第一章是概论。通过对本书研究背景和意义的认识，明确了论题的必然性和适用性；提出全书的研究思路、方法和整体框架，并对可能的创新之处进行说明，为后续论述提供必要的研究铺垫。

第二章、第三章是理论分析。首先，对国内外关于资产质量、会计信息含量、资产质量信息含量等方面的文献进行全面的梳理和述评，发现现有文献的不足并得到研究启示；其次，阐述了与研究问题密切相关的财务评价、资产负债观、信息不对称和信号传递理论、有效市场假说等关键基础理论，明确了资产质量及其信息含量研究的理论路径和分析依据；最后，构建了资产质量的理论框架和评价体系，具体包括资产质量的概念演绎、质量特征、项目分类及指标体系等，确定了制造业上市公司资产质量的评价标准和方法。这一部分为后续实证研究奠定了理论基础。

第四章至第六章是实证研究。安排递进式的逻辑结构，按照"资产质量评价—资产质量信息含量—信息传递机制探究"的思路，以2010—2018年制造业上市公司的数据为样本，展开本书的实证研究并得到相关结论。

第四章是制造业上市公司资产质量的现状及评价。根据混合样本数据和分年度数据统计的结果，分析我国制造业上市公司资产质量的现状与发展趋势；采用熵值法量化上市公司资产质量的评价指数。研究发现，我国一些制造业上市公司资产质量的现状并不理想，且近年来有恶化的趋势，除安全性和存在性外，获现性、周转性和发展性等质量特征均有不同程度和形式的下降，运用熵值法计算出的资产质量指数进行总体与局部分析，结果基本吻合。

第五章是制造业上市公司资产质量具有信息含量吗？研究资产质量在市场中的信息含量便可以检验其是否能在企业与市场的互动中发挥信息效用。借鉴收益模型，对资产质量指数、各单项质量特征指数与当期股票累计超额收益率之间的关系进行回归分析，比较不同质量特征的信息含量；并且考虑到资产质量水平高低会影响信息传递结果的可能性，扩展检验了高水平和低水平资产质量的信息含量。研究发现，整体而言，资产质量是具有信息含量的；单项资产质量特征的信息含量存在异质性，表现为市场识别资产质量信息仍然以盈利性和获现性质量特征为主导，存在性、周转性、发展性和安全性等质量特征所具有的增量信息含量十分有限；高水平的资产质量可以成为一种有效信息，而低水平的资产质量不仅没有信息含量，反而有扭曲股票定价的倾向。

第六章是制造业上市公司资产质量的信息传递机制探究。在主结论成立的基础上，进一步对资产质量信息传递的具体机制进行探索，包括影响因素对信息含量的调节机制，以及中介变量对信息路径的传导机制。调节机制从外部信息环境（市场化进程、行业竞争程度、企业制度背景）及传递介质行为（媒体关注、分析师跟踪、监管者信息透明度管理）对资产质量信息含量的影响机理进行研究；传导机制以企业自身特质（企业成长性、盈利质量）和理性决策者行为（分析师评级、机构投资者持股）为中介变量，对资产质量向市场传递信息的路径进行检验。研究发现，影响机制中，外部信息环境的治理效用消极，具体为市场化进程和行业竞争程度对资产质量的信息含量均发挥负向调节作用，制度背景的影响作用也不明显；信息介质行为的积极调节作用显著，媒体关注、分析师跟踪和监管层信息透明度管理均可以提高资产质量的信息含量。传导机制中，企业成长性、分析师评级和机构投资者持股均为有效的中介变量，说明"资产质量—企业成长性/分析师评级/机构投资者持股—市场反应"的传导路径是成立的，其中企业成长性的传递效应最为明显，而分析师评级和机构投资者持股发挥的中介作用较为有限。

第七章是研究结论与建议。对研究的主要结论进行了概括，并据此提出了针对政府及监管层、市场中分析师和投资者、企业及利益相关者等不同层面行为主体的管理建议；最后指出了研究的不足，展望了未来研究的方向，落实了本书的研究目的和现实价值。

通过以上安排，使企业资产质量评价、资产质量的信息含量及中间机制得到了较为科学和严谨的论证。概括而言，我国一些制造业上市公司的资产质量现状不良，资产质量信息传递也存在整体有效而部分低效的机制缺陷。在内部构成上，表现为部分质量特征、低水平资产质量的信息含量不足；在外部效应上，主要是信息环境外部调节作用的消极和理性决策者信息传导作用的有限。以上结论兼具理论与实践意义，为各级行为主体着力提升企业资产质量、强化资产质量信息效用、优化市场资源配置等提供了参考思路。

本书可能的创新之处在于：

首先，在已有研究的基础上，结合资产负债观的指导，针对制造业企业的资产特点，重新界定了资产质量的内涵；根据时下关注要点，丰富了资产质量的考核内容和评价体系，同时避免了单一指标评价的片面性。

其次，区别于以往常用的因子分析法，选择运用客观评价的熵值法量化资产质量评价结果，避免了信息的遗漏和主观偏差；资产质量现状及趋势分析结果从新的维度提示了企业重视并优化资产质量的途径。

最后，检验企业资产质量的信息含量及其传递机制，尝试将资产质量的经济后果研究拓展至中观市场层面，发现资产质量虽然整体上具有信息含量，但无论在其内部构成上，还是信息传递外部效应上，资产质量的信息传递机制仍然存在某些缺陷。这些重要结论为改善资产质量的信息有效性，加强资产质量对市场资源的引导作用提供了新的经验证据。

本书的研究仍有不足，只能是抛砖引玉，相信通过持续努力，企业资产质量的研究将会得到更为深入的完善和广泛的拓展，为新常态下的经济增长注入微观财务管理的动力。

在此，要衷心感谢在本书出版过程中所有给予过帮助的人。感谢我的博士生导师干胜道教授在本书选题和写作过程中进行的精心指导，为本研究的质量提升付出了很多心血；感谢我的单位贵州商学院会计学院为本书出版给予的支持。若书中存在不妥之处，敬请读者批评指正。

目 录

第一章 概论 ……………………………………………………（001）
  第一节 选题背景 …………………………………………（001）
  第二节 问题提出 …………………………………………（006）
  第三节 研究意义 …………………………………………（007）
  第四节 研究内容、研究方法与研究思路 ………………（010）
  第五节 创新之处 …………………………………………（013）

第二章 文献综述及理论基础 …………………………………（015）
  第一节 文献综述 …………………………………………（015）
  第二节 理论基础 …………………………………………（035）

第三章 资产质量的理论框架与评价体系 ……………………（043）
  第一节 资产质量的概念 …………………………………（043）
  第二节 资产质量的特征 …………………………………（048）
  第三节 资产质量的分类 …………………………………（051）
  第四节 资产质量评价体系的构建 ………………………（053）
  第五节 本章小结 …………………………………………（057）

第四章 制造业上市公司资产质量的现状及评价 ……………（058）
  第一节 资产质量的现状 …………………………………（058）
  第二节 资产质量的评价——基于熵值法的指数构建 …（064）
  第三节 本章小结 …………………………………………（071）

第五章 制造业上市公司资产质量具有信息含量吗? …………… (072)
 第一节 理论分析与假设提出 ………………………………… (073)
 第二节 研究设计 ……………………………………………… (076)
 第三节 实证结果与分析 ……………………………………… (079)
 第四节 扩展检验:所有水平的资产质量都具有信息含量吗? …… (091)
 第五节 本章小结 ……………………………………………… (093)

第六章 制造业上市公司资产质量的信息传递机制探究 ……… (095)
 第一节 机制探讨 ……………………………………………… (095)
 第二节 资产质量信息含量的调节机制——基于调节效应 ……… (096)
 第三节 资产质量信息路径的传导机制——基于中介效应 ……… (118)
 第四节 本章小结 ……………………………………………… (129)

第七章 研究结论与建议 ………………………………………… (131)
 第一节 主要研究结论 ………………………………………… (131)
 第二节 管理建议 ……………………………………………… (134)
 第三节 研究局限与展望 ……………………………………… (137)

参考文献 ……………………………………………………………… (139)

第一章 概论

理论来源于实践，并反作用于实践，笔者对研究问题的选择即是遵循这一规律而确定的。本章依托于现实与理论背景的需要，发现问题，提出问题，从而明确了研究选题的必要性和意义。在此基础上，具体化了研究的内容、实现的方法和整体的思路，为后文论述的顺利开展做必要的铺垫。

第一节 选题背景

一、现实背景

（一）宏观经济发展规律

质量——一个老生常谈的话题，却也是发展不变的主题。党的十九大报告中十六次提及"质量"，内容涉及发展质量、经济质量、教育质量、就业质量、生态系统质量等多个方面，其中最根本的就是经济发展质量。报告明确指出："我国经济已由高速增长阶段转向高质量发展阶段，正处在转变发展方式、优化经济结构、转换增长动力的攻关期，建设现代化经济体系是跨越关口的迫切要求和我国发展的战略目标。必须坚持质量第一、效益优先，以供给侧结构性改革为主线，推动经济发展质量变革、效率变革、动力变革，提高全要素生产率，着力加快建设实体经济、科技创新、现代金融、人力资源协同发展的产业体系，着力构建市场机制有效、微观主体有活力、宏观调控有度的经济体制，不断增强我国经济创新力和竞争力。"[1] 从以上内

---

[1] 习近平. 决胜全面建成小康社会 夺取新时代中国特色社会主义伟大胜利——在中国共产党第十九次全国代表大会上的报告 [J]. 党建，2017 (11)：15-34.

容我们可以提炼出几个重要观点：首先，我国经济增长重心发生了转变，由关注增速转变为关注质量，提高经济发展质量仍然是新时代党和国家工作的重心；其次，科技、金融创新是经济发展的主要驱动因素；再次，实体经济的微观主体质量是经济发展质量的重要组成部分；最后，要形成健康的经济体系，必须建立有效的市场机制，把微观主体和宏观调控联系起来。

"量变到质变"是事物发展的规律，实体企业犹如宏观经济的细胞，其发展质量关系着我国经济高质量发展的进程。所以，遵从由点及面的研究范式，微观企业主体质量成为本书研究的主题，为宏观政策的落实和推进提供理论要素。

（二）中观市场规范要求

为促进资本市场持续健康发展，国务院于2005年11月批转了中国证监会《关于提高上市公司质量的意见》，就提高上市公司质量的问题从各个方面对监管层和上市公司管理层提出要求，包括"增强上市公司核心竞争力和盈利能力""着力解决影响上市公司质量的突出问题""禁止编报虚假财务会计信息"等。虽然全文并未对上市公司质量提出一个明确的概念，但可以肯定的是，涉及上市公司的资产现状、盈利能力、竞争能力等财务信息一定是衡量上市公司质量不可或缺的组成部分。作为我国企业代表的上市公司，其经营业绩通常被视为经济发展的风向标。截至2018年末，我国上市公司期末总资产已达到229.12万亿元，共实现营业收入43.05万亿元，占我国当年GDP总量（90.03万亿元）的47.82%；实现利润总额4.64万亿元，占我国当年GDP总量的5.15%[①]。经济贡献突出的同时，上市公司暴露出的系列问题，诸如企业发展战略不清晰、主业经营能力不强、盈利水平恶化、资产配置不周及管理质量低下、依靠非经常性损益美化业绩、现金流支撑不足等，不仅使企业整体财务状况的质量下降甚至恶化，并且导致投资者决策失误及重大经济损失，破坏了市场秩序和阻碍了资源的有效分配等，已然成为影响经济健康运行的巨大障碍。近年来，不少上市公司股票接连出现的"暴雷"现象即是这些问题的集中体现：一是上市公司财务活动的质量容易出现问题；二是市场无法对企业财务的质量问题进行有效甄别，产生了恶劣后果。这些现象和问题应当引起监管层和学术界的反思及重视：市场亟须一种有效的信息引导投资者决策并促进资源的配置，规范市场机制。

证监会已多次强调要提升多层次资本市场的企业质量，从而实现净化资

---

① 根据"国泰安数据库"和《中国统计年鉴（2018年）》数据统计所得。

本市场，保护投资者权益的目标。从财务角度，企业质量的评价方式必然包括通过财务报告所反映出的深层次质量，如资产质量、盈利质量[①]等，而实践证明传统的通篇评价企业质量的研究方法并不现实，考虑到资产作为企业一切活动的经济资源和物质基础，资产质量便成了最为基础和直观的企业财务状况体现，是企业质量评价较好的切入点。

（三）微观实体企业经营必要

随着资本市场的发展，微观企业的发展模式发生了很大变化，财务活动和资产配置也相应地发生了改变。例如由于企业并购活动形成的非同一控制下企业合并财务报表中商誉这一资产项目，体现了上市公司在市场化并购中支付的溢价。截至2018年末，我国上市公司的商誉余额达到近1.3万亿元，分布在2048家上市公司中，其中885家上市公司就计提了1667.6亿元的商誉减值损失[②]。企业并购活动的频繁，商誉的余额激增和巨额减值等都极易引起企业和市场的异动，因为高质量的商誉体现了对价支付的合理性，若被并购公司的业绩与预期相符或超预期，是基本上不用减值测试和计提减值准备的。商誉及其减值直接体现企业对外并购这一财务活动的效果并影响整体资产的质量。另一个企业发展中值得关注的资产问题就是无形资产，企业为增强核心竞争力，而越发重视技术的创新和提升，从而形成了研发支出，还有企业专利、商标权等，如果利用合理，可以给企业带来成倍的利润空间，如果不重视保护和经营，则可能面临技术垄断和制裁、侵权诉讼等不利后果，影响企业的生存和发展。无论是商誉、无形资产还是其他资产项目，既为企业活动提供基础资源，其增值也是企业活动的成果体现，最终形成"资产—活动—资产"的企业运营循环。因此，考察企业多元化活动的效率，评价发展潜力最直接可靠的方法可以从考察资产着手，资产的单项计量是否真实可靠、资产间的整合结构是否合理、整体增值是否达到预期等质量问题都能够为企业经营者、利益相关者提供判断和决策依据，从而助力于企业的可持续经营。可以说，高水平的资产质量是企业优质经营、良性发展的必要保障。

[①] 国内文献中与盈利质量相同的概念有利润质量、盈余质量、收益质量等，在西方文献中这些概念大都用 Earnings Quality 一词表示，本书中统一使用"盈利质量"的说法。

[②] 证监会：《上市公司2018年报商誉减值测试审计、评估存在的主要问题》，https://www.sohu.com/a/327336839_99927549。

二、理论背景

（一）中国特色情境下企业资产质量评价的应用

以往对企业财务评价的方法主要来源于美国，这些评价方式更多适用于西方企业的财务状况评价，而较少考虑到中国特色情境下上市公司会计计量与财务管理所处的制度背景、经营环境及治理特征较西方企业的差异性，其在中国的不适应性便逐渐凸显（张新民等，2019）。这种不适应性具体表现为以下几点：

一是对于财务评价的内容仍然侧重于业绩评价，这已经不适合我国尚不成熟的资本市场中投资者对上市公司的理性判断。业绩只是企业组织一段时期内各种财务活动（包括经营活动和投资活动）的成果表象，主要由财务报告中的利润表展示，然而根据现有会计准则关于会计要素确认和计量的要求，利润表数据是由资产、负债项目的变动而来，如果只观测企业业绩数据，而忽略业绩来源的渠道、过程和方式等，这种做法必然是形而上学的。例如两个企业同样实现了100万元的净利润，其中一个企业是由于营业收入的增长而创造的利润，而另一个企业则是依靠资产减值转回而形成的利润，那么同样金额的两个利润便具有不同的"含金量"了，此时如果单凭业绩数据是不可能准确判断它们真实财务状况的。

二是延续西方研究范式，我国学者对于财务报告的质量问题研究仍然是集中于会计信息质量范畴。会计信息质量是指为决策者的未来决策提供足够的、能反映公司经营情况的信息（许家林，2004），强调的是会计数字和财务报告的信息功能。为此，我国学者从信息不对称的角度考察了会计信息的披露质量，从市场有效性的角度考察了会计信息的传递质量等。此类研究对于探讨我国会计信息对利益相关者和市场资源配置的作用意义重大，但是其研究的前提假设和现实操作却略显脱节。首先，会计信息质量的研究是建立在企业会计计量真实可靠的前提之上的，但是由于我国监管制度尚处于完善过程中，企业投机动机强而违规成本小，会计造假和财务舞弊的案例时有发生。例如2019年康得新被查实2015年至2018年连续四年虚增利润，使得投资者利益尽损、市场规则被破坏等，这严重违背了会计信息质量研究的前提假设。所以，相较于西方较为成熟的市场体系，单从信息功能角度探讨我国企业会计信息质量并不符合现阶段情况。其次，现有的会计信息质量过于关注会计数字和账面金额，常见考察会计信息质量的方法仅是基于盈余数字的相关性，而忽略了其他会计要素的作用，更忽略了数字背后的项目内容和具体活动的质量，难以引导大众通过财务报表透视公司财务活动的实际质量而做出理性决策。总之，扩展企业财务中关于质量的研究范畴，重视财务报告所能反映的真实财务活动状况和质量，符合我国国情的理论研究与推进。

三是根据我国现实环境，理论界亟须对现有财务评价方法和微观经济质量的研究内容进行反思，将思路扩展至会计数字背后的内容中去，构建能够揭示企业真实财务状况和运行活动质量的评价体系。因为目前研究的不成熟，构建完整的财务状况质量并不现实，既然资产是会计首要要素，是企业一切活动的基础和利益来源，那么通过资产要素分析而得到的资产质量可以综合地反映企业成果和运行效率，且较其他要素质量更为可靠和全面。因此，我们将视角聚焦于资产质量上，既可以避免由于投资者不成熟、分析能力局限而导致的评价体系过多和混淆的情况，又可以为今后综合财务状况质量的研究奠定基础。

（二）资产负债观下资产质量的研究有限性与现实重要性的矛盾

在我国现行资产负债观的会计理念下，资产是第一会计要素（负债事实上也可列为负资产的范畴），收入、支出及利润的数字仅是资产变动的结果。对应到财务报表的解读中，资产负债表是主表，而利润表是附表，以资产负债表为基础分析得到的资产质量，其重要性显然要高于以利润表为基础得到的盈利质量。另外，资产负债表中资产列示的是持续累积的存量，而利润表每一会计期末都会清零，只是在某一特定时段内的流量，所以，从时效性来看，资产质量更能反映企业财务状况的长期性和持续性，对于企业实际财务状况的考察，资产质量可以提供任意时点的评价结果，有效规避了盈利质量须等到期末时点的局限。

资产质量的重要性提示我们，仅看重流量评价而忽视存量基础评价，略显本末倒置。然而，现实文献的整理结果显示，学术界对资产质量的理论研究确实显著少于对盈利质量的关注。在国外，资产质量主要用于信贷机构（银行、保险公司）的资产评价，企业资产质量的概念较少提及；在国内，对企业质量的研究多是围绕盈利质量，包括应计盈余质量、盈利持续性、盈余可实现性等多个维度，而只有少数学者关注到资产质量的重要性并进行相关研究，且多止步于规范研究。所以在理论方面，有关资产质量研究的深度和广度较为有限。实践需要理论的指导，但资产质量的理论研究却与现实需要呈现脱节状态，这促使了本书为丰富相关研究做出努力。

（三）企业资产质量与股票定价、投资者保护及市场资源配置

资产质量是一个企业真实财务状况和内在价值的重要考察方面。对于上市公司而言，股票价格是企业价值的表现形式，也就与企业资产质量密切相关。但是，近年来的理论研究对盈余相关性颇为关注，如果仅凭此进行股价趋势是否合理的判断并不充分，因为会计信息生成的程序化和盈余结果的单一化容易掩盖企业本身特质，导致股价对企业内在价值的表现并不充分甚至错误定价，需要更为深入和详细的质量评价体系对股票定价进行矫正和并引导其价值回归。财务报告释放的资产质量信息传递了企业真实状况，应该会在市场中具有信息含量，成为一种有效的指标体系。

在资产质量有助于引导股票合理定价的前提下，投资者更能够掌握真实的企业信息，不容易被市场噪音和股票表象错误引导、错误投资，市场也规避了股票"暴雷"等类似恶劣状况的发生，最终使投资者避免了经济利益的损失，实现了投资者利益的有效保护，同时，市场资源的配置也得到了的优化。

因此，资产质量与资本市场是密切相关的。在科学评价企业资产质量的基础上，研究资产质量在资本市场中是否具有信息含量，为解决我国当前投资者保护不足、市场资源错配等提供了重要途径。通过梳理现有文献，笔者发现在这方面的研究稍显单薄。在这样的理论背景下，本书关于资产质量及其信息含量的研究是对已有关于会计和财务质量理论的拓展和深入，具备重要的理论价值。

综上所述，企业资产质量的评价符合宏观、微观经济体高质量发展的需求，对资产质量是否具有信息含量的探讨也符合当前规范和完善资本市场体制的需要，加之目前学术界对其理论研究较为缺乏，因此本书选题是在特定背景下产生的兼具现实和理论价值的研究主题。

第二节 问题提出

我们可以明确的逻辑是：提升经济发展质量，构建健康资本市场，关键是提升微观企业质量并使企业质量这一信息能够真实客观地传递至市场。尽管迄今为止，并没有对企业质量做出一个明确、统一的界定，但是企业的经营情况通常反映在财务报告中，加之资产是现有会计准则中的第一要义，资产质量是反映企业财务状况的重要方面，因此可以通过聚焦财务报告内含的

资产质量信息达到"窥一斑而知全豹"的效果，从而透视企业实际的财务状况和运行效率。在评价企业资产质量时，根据现有技术环境的变化，因时制宜地增加资产质量的考察内容，丰富以往分析框架和内容，进而寻求提升企业核心竞争力和实际发展质量的途径。由此，提出本书的第一个问题：何为企业资产质量及资产质量的现状究竟如何？

根据决策有用观，财务工作者依据适用的会计准则编制财务报告的目的是向信息使用者提供有用的信息，以帮助他们针对该企业做出适当的判断和决策，当然，财务信息是否真正地实现决策有用性，还受制于诸多环节因素的影响。中国的股票市场从1997年开始呈现弱式有效（张兵和李晓明，2003），说明我国上市公司的股价应该可以反映历史财务信息，但通常我们会发现，原本经营成果相近、市值相近的公司，有些可以实现可持续发展，有些却出现股价的大幅波动甚至崩盘，背后的原因是什么呢？笔者认为，正确识别股票价格的驱动因素是关键。观察近期上市公司股票出现"暴雷"的事件，多数就与资产质量恶化有关，例如大股东占款形成的巨额其他应收款、百亿元货币资金神秘消失、商誉一次性大额减值等，可见资产质量是股价波动的重要因素之一。如果投资者无法认知资产质量的重要性和现状，极容易造成市场信息失灵、投资者利益损失和市场资源错配等后果。所以，需要检验在中国市场上企业资产质量这一重要的财务信息与股价动态的相关性，以验证资产质量在我国资本市场中的信息有效性。据此提出第二个值得探讨的问题：企业资产质量是否具有信息含量？这种信息传递的机制是什么？

第三节　研究意义

一、现实意义

（一）为政策落地效果提供考察

新常态的经济环境下，经济增长的内涵已发生重大转变：由传统的不平衡、不协调、不可持续的粗放式增长转变为专注与提高发展质量。国家制定供给侧改革的"三去一降一补"策略，目的就是激活微观实体活力，完善市场发展。例如，习近平2017年2月28日在中央财经领导小组第15次会议上指出，深入推进去产能，要抓住处置"僵尸企业"这个"牛鼻子"；去杠杆，重中之重是降低企业的杠杆率，避免实体经济被掏空；降成本，国家多次降税降费，减少企业经营成本；补短板，涉及企业增加入研发投入、开发核心技术、补齐核心竞争力不足等问题。可见，国家经济政策的落脚点始终在于企业且多关于资产方面，关注和优化企业质量特别是资产质量是应对经济新常态的重要举措。对此，我们以资产质量为切入点，考察企业资产的实际运行效率和活动成果，符合国家政策效应评价的需要：政策落实后实体经济的资产质量是否有所改善？改善多少？本书对企业资产质量的现状评价和分析可以给予部分答案。

(二) 为规范资本市场提供途径

从市场层面看，伴随着证券市场的发展，2018年中国上市公司的数量已达到3567家，A股自然人投资者已超过1亿，无论是监管层还是广大投资者，都希望公司盈利能力增强、资产运行质量提高从而实现可持续发展，进而为投资者带来可观的回报，营造健康的投资市场环境。然而，理论的推导、人们的热切期望与现实结果之间总是存在一定差距。近年来，资本市场中股票"暴雷"、投资者利益尽损、市场秩序混乱等不良现象时有发生，致使监管层和投资者迫切地需要深入探析企业实际的经营和发展质量，以做出合适的市场监管策略和投资决策，避免市场环境恶化、投资套牢等，此时，资产质量便成为一个较好的信息来源。倡导企业提升资产质量，用实实在在的业绩回馈股东和投资者，是资本市场不断完善、回归市场本质功能的必要条件。本书研究资产质量的信息含量即是为此提供实践证据，而且在信息传递的机制探讨中，从信息环境和传递中介等多方面考虑，为规范市场环境、提升市场中介作用、保证资本市场健康运行找到了相关途径。

(三) 为企业优化资源配置提供指导

首先，对企业资产质量的评价可以为企业已有资产的使用情况和资产运行效率提供证据，管理者可通过不同维度的质量特征发现资产质量的优、劣势，发挥长处，补齐短板，实现资产质量的提升和财务状况的整体优化。其次，当资产质量具有信息含量时，证明资产质量可以在企业与市场的互动机制中发挥作用，成为引导市场资源配置的有效变量，资产质量越好，越有利于企业获取市场资源，反之则失去市场资源，此时企业便可依靠优质的资产质量获取外部资源。再次，并非所有的资产质量都具有信息含量这一结论，可以提示企业在优化资产质量的过程中要着重于低质量资产处置、资产整合效用和资产运行效率提升等方面。总之，本书的研究可以为企业内外部资源配置的优化提供指导，从而在资产质量层面提升企业的核心竞争力和可持续发展能力。

二、理论意义

（一）深化传统财务分析，丰富财务方面有关"质量"的理论研究

统一格式的财务报告并不能满足现实需要，我国理论界便从整体上提出了相关的财务质量、财务状况质量、财务信息质量等，从要素上提出了资产质量、盈利质量、现金流量质量等各种以期透视财务数据背后真实状况的"质量"概念。但是现有文献中关于深层次"质量"概念的研究较少，多止步于规范性的讨论，实证研究中也只是盈利质量的研究较多，对资产质量的关注较少，并且资产质量的评价方式也出现了分歧。为此，本书通过整理和比较，选取了综合分析法，构建了全面的资产质量评价体系，明确资产质量的不同质量特征，以期为企业资产质量理论研究的推进提供科学论证，为企业资产质量评价的方法寻找理想途径。

（二）检验资产质量的信息含量，拓展资产质量经济后果的研究范畴

本书利用股票收益模型，通过企业资产质量具有信息含量的探究，发现企业资产质量与股票超额收益率的关系显著，足以证明资本市场上股票价格的变动是资产质量变化的经济后果之一。以往关于资产质量经济后果的研究多是从盈利能力、企业业绩、企业价值等方面着手，并未扩展至资本市场，因此，本书结论是对已有文献的有力补充，并且拓展了资产质量经济后果的研究范畴。我们相信企业资产质量在资本市场中的经济后果远非于此，这也为进一步探索其他经济后果打开了思路。

（三）对当前会计信息含量的相关研究进行有益补充

会计信息含量是检验会计信息效率、市场有效性的重要方法，但现有文献中却多是对盈余相关性、偶然事件信息含量等内容的探讨，缺乏对资产质量信息含量的检验，本书的研究可弥补这一领域的不足。此外，在资产质量具备信息含量的前提下，进一步对其传递的具体机制进行探索，依据信息不

对称和信号传递理论等，对信息环境和传递介质对信息含量的调节机制进行检验，对资产质量这一重要财务信息的传导路径进行探索，结果证明各类因素对资产质量信息传递过程的作用机制确实与预期有所出入，这与中国特色下宏观环境、市场发展程度和企业行为方式有所关系。各种调节、中介机制探索的结论是建立在我国特有的经验证据之上的，并非人云亦云，可有益地补充和深化关于中国企业会计信息含量方面的研究。

第四节　研究内容、研究方法与研究思路

一、研究内容

（一）企业资产质量的现状及评价

通过文献回顾，对资产质量的研究脉络进行了整理；通过概念比较，明确企业资产质量内涵的科学界定；通过研究内容和方法比较，筛选出评价企业资产质量的特征并完成评价体系的构建。在此基础上，运用数据统计分析的方法，对我国制造业上市公司资产质量的现状和趋势进行描述和分析，以期对其做出客观评价。采用客观评价方法中的熵值法，得到企业综合资产质量指数和各分项质量特征（盈利性、获现性、存在性、周转性、发展性和安全性）指数，形成对制造业上市公司资产质量的客观评价。该研究内容有利于我们了解并重视企业资产质量状况，为下一步优化资产质量寻找突破口。该内容由文章的第二至四章完成。

（二）企业资产质量是否具有信息含量

在基于资产负债观、决策有用观和有效市场假说等理论分析的基础上，本书提出企业资产质量具有信息含量的主要假设，且认为各分项质量特征的信息含量有所差异。为此，借鉴信息含量研究常用的股票收益模型，对资产质量和股票累计超额收益率的关系进行多元回归分析，为资产质量具有信息含量这一论题提供实证论据。通过比较不同质量特征的信息含量，探讨单项资产质量特征信息传递结果的异质性。同时，相对于低水平的资产质量而言，高水平的资产质量才具有信息含量，说明企业资产质量在信息传递的过程中存在着整体有效、个别低效的情况。该内容由第五章完成。

（三）企业资产质量信息传递的具体机制如何

为进一步探索企业资产质量信息传递的具体机制，在信息不对称和信号传递理论的指导下，把机制区分为各影响因素对信息含量的调节机制和资产质量向市场传递信息的路径传导机制。前者包括信息环境（市场化进程、行业竞争程度和制度背景）和传递中介行为（媒体关注、分析师跟踪和交易所监管）的影响机理探讨，后者包括企业本身信号（盈利能力、企业成长性）和理性投资者引导（分析师评级、机构投资者持股）的传导作用分析。这一部分的研究结论显示在企业资产质量形成市场反应的过程中，我国外部信息环境的治理效果并不理想，传递中介和理性投资者行为的引导作用也需加强。第六章将对此进行深入研究。

二、研究方法

本书的研究既涉及理论问题，也涉及一系列的实践问题，因此，我们主要采用理论研究与实证检验相结合的方法。在对已有研究成果进行梳理的基础上，理论研究主要用于建立理论框架体系和分析研究对象关系，实证研究为理论推导提供经验证据。具体研究方法如下：

文献研究法。为了对企业资产质量及其信息含量进行科学论证，本书对其主要的支持理论和相关文献进行了系统的整理和综述，以此作为研究的理论基础。又根据研究目的查阅大量关于资产质量、会计信息含量等国内外相关文献，结合现实问题，发现现有研究的局限，从而确定研究研究的方向与主题。

理论推演法。一是对企业资产质量的内涵和概念、资产质量的主要评价内容等进行演绎推理，形成科学而缜密的资产质量评价体系；二是在厘清各研究对象之间的关系、探索资产质量的影响因素、寻找信息传递的作用机理进而提出研究假设的过程中，以理论基础为出发点，结合我国实际情况，通过逻辑推演的方法实现论证的科学性。

实证研究法。在评价我国制造业上市公司的资产质量现状时，主要采用指标分析法、描述性统计、时间趋势分析法等；在构建企业资产质量指数时为避免主观影响和信息丢失，使用的是客观评价常用的熵值法。在实证研究企业资产质量的影响因素、资产质量的信息含量及传递机制时，运用的是多元线性回归方法，包括混合数据模型、面板模型、中介效应模型等。实证研究使用的软件主要为 Stata 13.1。

比较分析法。书中多处运用了该方法。首先是我国制造业上市公司资产质量的时间纵向比较；其次是各分项资产质量特征、高水平和低水平资产质量信息含量的差异比较；再次是各影响因素对资产质量信息含量调节作用前后的比较；最后是主检验与稳健性检验结果的比较。不同类型的比较可以增强研究结论的丰富性与可靠性。具体方式是将 F－test、Voung－test、T－test、Chow－test 及秩和检验等客观统计比较方法与主观判断相结合。

三、研究思路和框架

本书通过对现实背景、理论背景的分析，确定研究主题和思路。结合理论基础和文献梳理进行研究问题的理论推演和逻辑分析，提出有关研究假设；再进行实证检验，最后得到结论并提出政策建议。详细的研究思路和框架如图 1.1 所示。

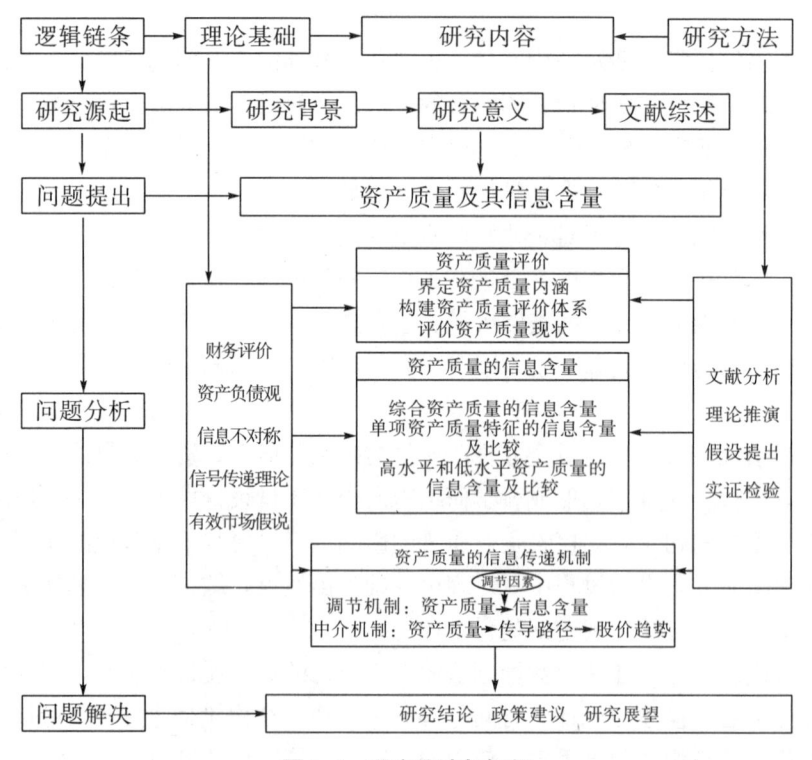

图 1.1 研究思路与框架

第五节 创新之处

在现有研究的基础上,我们通过科学的理论分析与实证检验等方法,得到了兼具实践和理论意义的重要结论,同时也使本书研究具备了如下可能的创新点。

一、从六个维度考察资产质量特征,构建资产质量评价指标体系,丰富和完善资产质量的基础理论研究

由于对资产质量研究的历史较短,我国学者对企业资产质量的内涵界定和评价方法均存在分歧。对此,在资产负债观的指导下,我们结合资产的本质、质量的概念,重新演绎了资产质量的内涵,使其区别于以往某些与会计信息质量混同的概念和评价方式。同时,在前人研究的基础上,依据当前资产运行效用和业界对资产评价的侧重点,与时俱进地从盈利性、获现性、存在性、周转性、发展性、安全性六个维度阐述了资产质量的具体特征,并选取相应的指标,共同构成了制造业上市公司资产质量的评价体系,进一步丰富了资产质量的评价内容,弥补了单一评价指标的武断性。

二、结合资产质量评价指标和熵值法对我国制造业上市公司的资产质量进行评价和量化

在运用指标描述性统计方法对我国制造业上市公司的资产质量现状和发展趋势进行客观分析的基础上,结合熵值法计算了企业资产质量指数,对资产质量进行评价。熵值法区别于以往的因子分析法和主观赋值法,保证了信息的完整和客观性,并且两种方法相互印证。通过熵值法可以发现,我国制造业上市公司的资产质量发展趋势并非向好,现状也不容乐观,且整体资产质量的状况主要在于其周转性特征,可以为企业重视并提升资产质量提供新的参考。

三、将企业资产质量的经济后果研究与资本市场相结合

在资产负债观、有效市场假说和信号传递理论的基础上,本书尝试将企

业资产质量的经济后果研究拓展至资本市场，这是区别于以往研究的一个重要创新方面。具体体现在：通过对资产质量的信息含量进行检验，我们可以知道评价资产质量不仅对企业经营有用，对投资者决策和市场资源合理配置而言也是至关重要的信息，这为投资者和监管者共同努力构建健康运行的资本市场开拓了思路。进一步地，通过比较不同资产质量特征，高水平和低水平资产质量的信息含量差异后，发现并非所有的资产质量都具备市场反应，部分重要的资产质量特征和低水平的资产质量存在市场信息失灵的问题。

基于信息不对称和信号传递理论，笔者还结合我国特定情境，对企业资产质量在市场中的信息传递机制进行了探索。通过调节机制的研究，发现不同因素对资产质量信息含量的影响机理；通过传导路径的检验，找到可以传递企业资产质量信息的有效变量。这些都有助于投资者做出正确决策，并为提高资产质量的信息传递效率和促进市场健康发展提供经验证据。

总之，对企业资产质量进行科学评价、对这一财务信息的市场后果及中间机制进行分析和检验，从内容上和结论上均具备一定的创新性，能够为未来有关研究打开新的思路。

第二章 文献综述及理论基础

本章是全书研究的理论铺垫,为对相关的文献有全面的了解和把握,从资产质量、会计信息含量及传递机制、资产质量信息含量三个维度进行了文献梳理与评述。为奠定后续研究的理论基础,从财务评价、资产负债观、信息不对称与信号传递理论、有效市场假说等方面展开了详述。

第一节 文献综述

一、资产质量的文献综述

企业实现高质量经营和发展的主要驱动因素之一是其所拥有或控制的资源,资产作为资源的主要表现形式[①],资产质量的优劣直接决定了企业的运营、盈利和核心竞争力等推动企业可持续发展的各个方面。因此,学术上关于资产质量的研究意义重大。对已有的国内外文献从资产质量的内涵、影响因素、评价方法和经济后果等方面展开系统的评述,有利于发现研究的局限性并开拓关于资产质量研究的新方向。

(一) 资产质量的内涵

1. 国外相关文献

国外开启资产质量的研究已有几十年,但基本只针对金融机构(银行、

[①] 企业所拥有的资源包括有形资源、无形资源和人力资源等,部分无形资源和人力资源无法在资产负债表中反映,但资产负债表仍然是对企业所拥有的大部分资源较为客观、全面的计量,本书研究对象即为狭义上反映在资产负债表中的资产。

保险公司）的资产质量，对其他行业的企业资产质量涉及较少。自 1983 年起，公众普遍将银行的不良资产作为评价银行资产质量的指标，Meeker 和 Gray（1987）从统计上验证了不良资产在信息及时的情况下有助于分析银行资产质量，之后对于信贷资产质量的衡量也延续这一方式。Harris 和 Raviv（1990）认为资产质量和管理人员能力是衡量企业质量的两个重要因素。他们设计的债务缓和模型（简称 HR 模型）揭示了企业质量对公司盈利和公司价值的影响机理，因为良好的企业质量可以改善资本结构和资产质量，从而提升企业价值。Bernstein（1996）研究发现贷款质量是影响银行成本的因素之一，银行的资产质量越差，其运行成本则越高，然而这种关系并不是很明显。相应地，Chan 和 Greenbaum（2004）认为竞争的加剧导致银行进行资产筛选的成本减少进而会降低资产质量的水平。Beck 等（2004）通过总信贷和总投资对总资产的影响程度来衡量资产质量，得出良好的资产质量会对盈利能力产生积极影响的结论。Abata（2014）以尼日利亚银行作为研究对象，用同样的衡量方法，发现风险水平可以负向调节资产质量对企业绩效的影响，即当风险水平低时，资产质量与企业绩效的正相关关系才显著。至此，资产质量和企业绩效相关的结论得到普遍认同。资产质量同样会影响企业风险水平，Beltrame 等（2018）分析了银行资产质量在杠杆与系统风险之间的作用，并检验了杠杆效应和资产质量与风险组成部分及其综合效应的相关性，结果显示资产质量才是市场风险的一个核心变量，而单一的杠杆作用对于验证银行的风险并无意义。

2. 国内相关文献

国内学者对于资产质量的内涵尚未形成统一，主要有如下几种观点。干胜道和王生兵（2000）认为资产质量是企业资产营利性、变现性和周转性的综合体现，这三个方面是考察企业资产质量的关键，但营利性并不适用于单项资产的考察，因为整体盈利水平与单项资产之间并不具有必然的函数关系。在此基础上，王生兵和谢静（2000）提出应将安全性纳入资产质量的范畴，因为收益与风险是一种正相关的关系，降低风险、提高资产安全性就会同时增加其收益性。张新民（2001）提出资产质量是在特定环境下资产在企业里满足预期期望的一个度量，具体表现为变现能力、单独和组合增值的能力以及被利用的能力等。张新民和王秀丽（2003）进一步强调资产相对有用性才是企业重组增值的基础，不应过多关注资产所谓的物理质量。钱爱民和张新民（2009）将资产质量总结为资产在特定的企业内部实际发挥的效用与其预期效用之间的吻合程度，物理质量不是重点，特定资产满足企业对其预期需求的程度才是。其他学者的看法：谢永陵（2007）认为资产质量应当考虑资产能否带来收益、能否正常周转、资本结构是否合理等多层面因素。徐泓和王玉梅（2009）从会计学的角度把资产质量划分为几个层次：数量上表现为其所创造的未来经济利益总量；内涵为获取利益的可能潜力，外延为资产的存在性、流动性、收益性、结构性、可持续性和风险性等。陈仲威等（2010）从高、低两个层次来阐述资产质量的概念：低层次的概念限定在资产将来为企业带来未来经济利益的层面；高层次的概念将股东和债权人纳入框架，资产实际创造的价值超过投资者期望的部分体现为资产质量，且价值越多，质量就越好。张付荣（2010）指出，资产质量应是资产满足企业发展战略的需要而呈现出的变现能力、盈利能力和抗风险能力等。胡永平和谢晶（2012）关注于资产的变现能力，按照变现价值与账面价值的关系将资产质量分为三类：一是账面价值与变现价值相等的货币资金，即中等资产质量；二是变现价值低于账面价值的资产，即低资产质量；三是变现价值高于账面价值的资产，即高资产质量。整合三类资产质量，便可得出企业整体资产质量的状况。甘丽凝（2007&2012）结合资产和质量的定义将资产质量界定为资产所具有的所有特性和特征的总和，因为这些特性体现了资产在运作过程中为所有者带来经济利益的能力。

部分学者在资产质量的内涵中增加了物理质量的概念，指通过资产的物理性质表现出来的质量，例如重量、结构、材质、新旧和耐用度等。主要观点有：余新培（2003）认为企业资产质量的概念可以分类为物理质量、结构质量、资产的"自由度"和有名无实的资产占总资产的比例。张麦利和徐文学（2004）将资产质量区分为物理质量和系统质量，认为在考察单项资产时，物理质量更为重要；系统质量强调整体资产发挥的作用，包括变现质量、被利用质量、与其他资产组合增值的质量以及为企业发展目标做出贡献的质量等。徐文学（2007）进一步说明资产质量具有相对性，当资产所属的企业、时期和用途不同时，其物理质量也会发生改变。甘丽凝（2007）也认同资产质量应当包括物理质量和系统质量，物理质量应用在描述具体资产的效用中，而系统质量侧重于资产在企业整体系统中发挥的质量，从财务角度应更关注资产的系统质量。

近年来还有少数学者从信息观的角度对资产质量进行界定，唐国平和郭俊（2015）认为资产质量的内容涉及会计信息质量，在信息观下的资产质量是指股票价格对资产账面价值的反应程度。王永妍等（2017&2018）关注会计报表中所反映的资产信息含量，将资产质量定义为资产预测公司未来经济收益的能力，即当资产质量较高时，资产可以更加公允真实地反映企业未来的盈利水平。尚燕等（2017）对资产质量的定义也持有类似观点。笔者以为这种对资产质量进行界定的方法类似于会计信息质量的衡量，与本书的研究视角有所出入。

（二）资产质量的评价及影响因素

1. 国外相关文献

在企业资产质量衡量方面，国外学者们借鉴了金融机构资产质量的评价思路。Diday（1998）针对数据规模较大的企业创造了一种符号数据分析法，用于处理分析资产质量的数据。Claessens 等（1998）认为在企业偿债能力与资产质量有密切关联的前提下，通过财务报表确定了企业偿债能力的大小后，企业资产质量状况也便可得知。Chen 和 Zhang（2013）从会计信息可用性的角度，以资产对未来盈利能力的预测能力作为资产生产效率，具体衡量方式是以两者回归方程的拟合度来界定企业资产质量，拟合度越高，资产质量越好；考虑盈余稳定性后发现高资产质量组的企业未来盈利更稳定；比较资产质量与盈利质量的作用后还发现资产质量指标对股票收益率的预测作用显著而盈余质量指标不显著。

资产质量的影响因素包括微观和宏观两个层面的因素。微观层面因素主要在于公司治理和监管、会计稳健性、账务摩擦等。Isa（2014）开创性地利用马来西亚伊斯兰银行的数据，检验伊斯兰教法委员会会议频率对资产质量质量的影响，发现在伊斯兰银行里，资产质量受到了损害，究其原因是教法委员会的管理不符合常规风险管理的要求，并且召开会议次数明显低于指定次数，使伊斯兰教法的原则和指导呈现低效率的状态。Onaolapo（2008）利用 1990 至 2006 年尼日利亚商业银行的数据进行研究，发现银行的资本监管和危机管理水平越高，其资产质量也会越好。Pastory 和 Mutaju（2013）发现商业银行的资本水平与资产质量的关系显著，具体表现为：不良贷款和资产质量会随着资本水平的增长而增长，因此，一味地追求资本充足率反而很可能会降低整体资产质量。O'Donohoe 等（2010）的调研证实，正是由于在金融危机之前采取了稳健的坏账准备金提取方法，才使得小额信贷机构的资产质量可以在金融危机之后快速回稳，有效防止了资产质量进一步恶化的财务困境。Chortareas 等（2011）研究认为，财务摩擦是导致银行低效率借贷进而降低整体资产质量的主要因素，而财务摩擦多是由于信息不对称或市场结构不完善产生的。宏观因素方面，Hsu（2002）认为，由于房地产在香港证券交易所的市场占有率很高，其资产构成了经济中所有资产的核心，所以资产质量会受到政府公共政策、香港房地产市场和股票市场的不稳定性等因素的扭曲。Gros（2013）指出宏观政策、技术进步和创新、金融工具等都会可能成为企业资产质量的影响因素。

2. 国内相关文献

在国内，企业资产质量的学术研究一直滞后于现实需要并缺乏统一的理论规范和分析框架，故国内学者对于资产质量的评价方法呈现多元化态势，总体来说，可以分为单变量计量法和综合评分法。

单变量计量法较为有代表性的是宋献中和高志文（2001）提出的 K 值计量法，即以调整前后每股净资产的波动幅度来衡量资产质量的好坏，把"3 年以上的应收款""待摊费用""待处理财产净损失""递延资产"这 4 类几乎没有盈利能力的资产作为被调整项目排除在资产范畴之外，具体地：$K=|$ 调整后每股净资产－每股净资产 $|/$ 每股净资产。K 值越大，资产质量则越差。费明群和干胜道（2004）在 K 值的基础上按调整幅度的范围，以 2%、10% 和 20% 为标准将资产质量分为 A、B、C、D 组，发现 2000 至 2002 年间我国只有 48% 的公司资产调整幅度为中等以上，整体的资产质量不高。贺武和刘平（2006）也运用此方法对我国上市企业 2002 至 2004 年的资产质量进行评价。李嘉明和李松敏（2005）运用 K 值法来度量企业整体的资产质量，同时分别以资产报酬率、流动资产率、总资产周转率来考察企业资产的盈利能力、变现能力和周转能力。然而，2007 年中国证监会取消了原有披露"调整后每股净资产"的要求[①]，运用 K 值衡量资产质量的方法受到限制。对此，高雨和孟焰（2012）引入虚拟资产的概念，将其与具有资产本质的资产区别开来，虚拟资产几乎不具备资产的质量特征，包括但不限于 2007 年以前公布"调整后每股净资产"时所扣除的资产。闫绪奇和高雨（2018）则将虚拟资产与 K 值法结合，以总资产中虚拟资产的比例作为评价资产质量的依据。另一种以单变量计量资产质量的方法，是基于财务报告中资产可以帮助利益相关者了解企业运营效率的角度，侧重于资产作为一种信息所体现的质量，用资产价值与未来经济利益模拟回归后的拟合度（R^2）作为资产质量的衡量指标，未来经济利益可用盈利水平和现金流量来表示，预测方程的 R^2 越高，意味着当前资产存量对未来收益和现金的预测和解释效用越强，即资产质量越好（尚燕等，2017；王永妍等，2017；王永妍等，2018）。

近年来，企业资产质量更为主流的评价方法是综合评分法，该方法从资

[①] 1997 年 12 月 17 日，中国证券监督管理委员会发布了《公开发行股票公司信息披露的内容与格式准则第二号（年度财务报告的内容与格式）》，首次要求上市公司披露"调整后每股净资产"数据。

产质量的特征着手，通过构建各种指标体系，较为客观地对资产质量的各个方面予以评价和整合，从而得到资产质量的综合结果。

干胜道和王生兵（2000）指出资产质量的评价体系应当包括不良资产率、净资产收益率、总资产报酬率、总资产周转率、流动资产周转率、固定资产周转率、市场价值与账面价值比率。王生兵和谢静（2000）在干胜道等人研究的基础上，认为应该借助财务指标体系来衡量最易形成不良资产的应收账款、存货、长期投资和固定资产等单项资产的优劣程度，例如用收款率、逾期率、呆账率等来表示应收账款质量的优劣，用存货跌价率和退货率等来衡量存货质量的优劣，用投资报酬率来评价长期投资质量，用固定资产的跌价率来考查固定资产的优劣，进而从整体上构建资产质量的评价体系。张麦利和徐文学（2004）提出资产质量评价体系应当以存在性、有效性、变现性和收益性为基础，综合运用各方面评价指标才能对资产质量作出合适、客观的评价。钱爱民和张新民（2009）将资产质量分为整体质量特征、结构质量特征、个体质量特征三个层次，构建相应的增值性、获现性、有机整合性等10个特征性指标以综合评价企业资产质量。冯爱爱和高民芳（2011）选取不良资产比率、固定资产比率、总资产周转率、总资产报酬率、资产现金回收率作为资产质量的评价指标，但因没有进行指标间的整合以及综合评价，适用性欠缺。尽管以上研究均止步于定性分析，未进行具体的定量分析与评价，但仍为之后的资产质量定量研究提供了一定思路。

在采用综合评分法量化资产质量方面，张春景和徐文学（2006）在构建了以资产存在性、有效性、收益性等方面的财务指标为内容的评价体系后，采用主成分分析法计算出江苏省上市的制造业与商业类77家样本公司的资产质量评价数值，并据此排名。徐文学（2006）以同样的方法对江苏省60家制造业上市公司的资产质量评分进行统计并排名，发现资产的收益性和流动性有待提高。甘丽凝（2007&2009）运用资产结构比率、K值、市盈率、周转率、变现率等12个财务指标通过主成分分析法提取分别代表资产结构性、有效性和盈利性、先进性、变现性、存在性和整体特性的6个资产质量特征，对我国2001至2005年A股上市公司的资产进行评价。钱爱民和张淑君（2008）构建了固定资产质量评价体系及量化分析指标，包括变现性、盈利性、周转性及与其他资产组合的增值性，利用主成分分析法对2005和2006年机械、设备、仪表制造业上市公司的固定资产质量综合打分，得出固定资产质量的相对排名并进行了分析。钱爱民和周子元（2009）以我国化工行业上市公司为研究对象，从周转性、增值性以及获现性等三方面构建了针对经营性资产的质量指标体系，通过因子分析法量化评价结果，运用聚类分析和 t 检验等方法识别出公司类别的不同和关键指标的差异，以此揭示了影响各类企业经营性资产质量的关键因素。陈琪（2012）从资产的存在性、周转性、盈利性和获现性方面选取 13 个指标，运用因子分析法对制造业企业的经营性资产质量进行评分和排名，发现整个行业的资产周转性和获现性欠佳，经营性资产质量的排名主要依赖于周转性的名次，说明周转性是影响经营性资产质量的关键因素。张志宏和孙青（2016）从资产的有效性、盈利性、获现性、发展性、安全性和结构性等 6 个方面共选择 17 个指标建立资产质量评价体系，对指标分年度进行主成分分析，得到各样本的资产质量评分，再将资产质量得分大于平均值的公司界定为高资产质量公司，否则为低资产质量公司。除采用因子分析和主成分分析方法对资产质量进行综合评分外，还有学者采用了更为简便和直观的赋值法对资产质量得分进行计算。唐国平等（2015）根据资产未来带来现金流的性质，从资产的真实性、盈利性、流动性、获现性、可持续性 5 个维度选取 15 个财务指标评价资产质量，采用 Z-score 和中值法两种方法对每个细分指标进行取值，再求和得出每一层评价指标的分值，加总各层指标的分值得到每一家公司最终的资产质量得分。唐洁珑等（2016）同样从以上 5 个方面选取 11 个指标，利用中值法对企业资产质量进行综合评分，发现得分的均值和中值均与最高分存在较大差距，说明中国上市公司的资产质量仍处于较低水平。

（三）资产质量的经济后果

1. 国外相关文献

就企业整体资产质量进行研究的国外文献十分缺乏，但深入挖掘，发现对与资产质量相关的资产流动性及资产减值准备的研究较为普遍。Sibilkov（2009）探索了公司资产流动性对经理层代理成本的影响机理，结论显示低水平的资产流动性与代理成本的关系并不明显，但高水平的资产流动性可以对经理层代理成本产生正向作用，从一定层面说明企业可以通过限制资产出售来降低资产流动性水平，从而缓解经理层的代理成本。Flor 和 Hirth（2013）分析表明高资产流动性的企业具有积极的投资敏感性，资产可再配置性降低了投资敏感性，从而验证了资产流动性是公司投资的重要决定因素。Pham 等（2018）研究发现资产流动性可以显著地提高企业研发投入和研发产出，是因为资产流动性可以有效地减少企业的资本成本。涉及资产减值准备的研究通常与盈余管理相结合，Elliott 和 Shaw（1988）发现资产减值准备是管理层进行盈余操纵的惯用手段。Zucca 和 Campbell（1992）认为盈余管理行为按照目的可以分为"洗大澡"（Big Bath）和"盈余平滑"

（Smoothing），而无论哪种目的，管理层均可以利用资产减值准备政策的漏洞（可选择性多和不具体性强）对减值准备任意计提，调节最终盈余数据而规避会计准则限制。Francis 等（1996）从企业所在行业、管理层变更、企业绩效和盈余管理等不同层面对影响企业计提资产减值的因素和作用机理进行探究，结果显示商誉减值的计提受这些因素的影响显著，而其他不易被操纵的资产包括固定资产和存货等资产的减值计提并不受明显影响。Wu（2011）认为资产减值准备的转回是一种盈余管理工具，并以欧洲 53 个上市公司 2005—2009 年的 132 项资产减值准备数据作为研究对象，发现在企业盈利出现大幅下滑或者财务风险高居不下的情况下，管理层更有动机运用资产减值准备转回进行盈余管理，以此改观分析师预测结果或者避免债务违约，维持企业良好形象。

2. 国内相关文献

国内资产质量经济后果的研究，主要涉及资产质量对企业的盈利能力、经营绩效、成长性和企业价值等方面的影响，部分学者也研究了资产质量与内部控制、财务困境及公司违规的关系。

较早发现的是资产质量对企业盈利能力的影响显著。宋献中和高志文（2001）运用 K 值法衡量资产质量，以 1996 至 1998 年沪深上市公司作为研究对象，对资产质量与盈利质量之间的关系进行实证检验，发现企业资产质量对当期盈利水平和之后两年的盈余持续性都有显著的正向作用。费明群和干胜道（2004）采用 2000 至 2002 年上市公司的年报数据进行研究，结论略有不同。当资产质量高时，仅发现资产质量与当期盈利水平的正相关关系；而当资产质量低时，当期及之后的盈利水平都会随之恶化。高雨和孟焰（2012）选取 1997 至 2006 年的 A 股非金融类上市公司作为基础样本，通过分组比较法与自回归模型分析虚拟资产影响盈余管理的机制，发现虚拟资产是避免亏损上市公司调节盈余的一个重要手段。闫绪奇和高雨（2018）进一步以虚拟资产比例作为资产质量的衡量方式，并分析其对盈余质量的影响，结果显示资产质量对盈余质量有良好的预示作用，表现为资产质量低的公司盈余操纵迹象明显，盈余持续性也较低。李嘉明和李松敏（2005）以 2003 年上市公司为样本，比较资产质量不同方面对企业绩效的影响效果，结论是资产的盈利能力和周转能力对企业绩效有显著的正向促进作用，而资产的规模大小和变现能力对企业绩效不存在明显影响。潘海芳（2009）运用因子分析法构建制造业、信息技术业、批发零售业和综合业上市公司企业成长能力的综合指标，并以此为因变量，以资产质量为自变量进行回归。结果表明，资产的收益能力越强，企业成长能力越好，不良资产的增长会抑制企业的成长能力。这说明企业资产质量对其成长能力的影响重要。陈琪（2012）认为经营性资产质量直接关系到企业的可持续成长，于是对制造业企业的经营性资产质量和成长性进行回归分析，发现非国有企业更加关注经营性资产质量，影响成长性的关键因素包括经营性资产的周转性、盈利性、固定资产比重及有效性等质量特征。

在资产质量与企业价值的研究中，甘丽凝和张鸣（2009）发现与传统资本定价理论相悖的是，资产质量才是真正体现企业价值的变量，而非债务融资，因为对三者的关系进行深入剖析后发现，债务融资与企业价值的关系视资产质量而定，而资产质量与企业价值的正向关系却不受制约。张志宏和孙青（2016）以 2009 年至 2013 年 A 股制造业上市公司为研究对象，探析资产质量、盈余质量与企业价值之间的内在联系，发现公司的资产质量是通过形成高质量的盈余来提高公司价值的。唐国平等（2015）依据实物期权理论，以 2010 至 2013 年 A 股上市公司数据为样本，对资产质量与企业价值的异质性进行研究，发现资产质量高的公司体现出增长期权价值，而资产质量低的公司体现出清算期权价值。当企业处于成长阶段时，资产质量以盈利性为主导；当企业价值毁损时，资产质量以获现性为主要表现形式。唐洁珑等（2016）也发现资本市场对企业资产质量具备一定的识别机制，上市公司资产质量的评价结果越好，市场价值则越高。

资产质量还对企业的其他方面产生影响。冯爱爱和高民芳（2011）发现资产质量的不同特征会对企业内部控制的有效性产生异质性作用，具体地，资产存在性与企业内部控制有效性负相关，资产结构、资产有效性、资产收益性与企业内部控制有效性正相关。甘丽凝（2012）从理论和实证上都验证了内部控制能够影响公司资产质量，同时资产质量能够影响公司债务治理效应。李秉成等（2004）、谢永珑（2007）分别利用我国上市公司不同年份的财务数据进行统计和财务分析，通过寻找陷入财务困境企业的一些共同特征，证实了资产质量恶化是导致财务困境的重要原因。黄德忠和朱超群（2016）为了证明资产质量会影响财务预警的有效性，在只含普通财务指标的预警模型中加入资产质量指标，并采用配对法选取 2010 至 2013 年首次被 ST 的 48 家上市公司以及对应的 96 家正常公司为样本对模型分别进行检验，比较结果发现加入资产质量指标的财务预警模型对风险预警的准确度显著提高。王永妍等（2018）探讨了 2003 至 2015 年我国 A 股上市公司资产质量与公司违规行为的关系，结论表明两者之间是负相关的，即优良的资产质量对公司的违规行为特别是信息披露的违规行为遏制作用较为明显，而对非信息披露的违规行为作用不显著。

此外，资产质量在企业的外部治理机制中发挥作用。刘文军和米莉（2009）研究发现资产质量与公司的审计收费有一定关系，资产质量越差的公司越有动机去寻找收费低、规模小的会计师事务所承担其审计工作。王永妍等（2017）认为企业资产质量必然是审计师关注的重点之一，所以对于资产质量高的公司，审计师出具非标准审计意见的概率较低。具体机制为：资产质量通过影响审计风险和代理成本，对利益相关者之一的审计师决策产生影响，使审计师给出合理的审计意见，提升审计资源的配置效率和外部市场监管的有效性。

二、会计信息含量的文献综述

会计信息含量的研究源于 1968 年 Ball 和 Brown 关于会计盈余与股票收益率相关性的探索。随着理论的拓展，它反映了会计信息的披露是否能够为资本市场的投资者所用，影响投资者的决策，进而作用于资本市场上公司股票价格的变化。会计信息是否具有信息含量，是判断会计信息相关性、决策有用性的重要标准，对于优化资本市场中资源配置效率也是至关重要的，因此成为近年来学术研究的热点。

（一）会计信息含量的衡量

1. 国外相关文献

判断会计信息含量的基本思路是研究某一信息与市场中股价变动的相关性，若两者关系显著，则证明具有信息含量，否则没有信息含量。Ball 和 Brown（1968）首次将会计报表中的盈利数字和股票收益率联系起来，分析了在纽约股票交易所上市的 261 家公司 1946 至 1966 年间年报公布日前后的非正常报酬率，发现会计盈余数据与股票收益率呈现正相关性，说明会计盈余在市场中是具有信息含量的。之后，Fama 等（1969）将个别股票收益率剔除市场整体收益率后的部分进行研究，判断其受到哪些非市场因素的影响，使得股票收益率的影响因素从特定的盈余信息扩展到某一事件或者其他会计信息。两者的研究同时也开启了利用股票累计超额报酬率作为市场后果的度量方式。累计超额收益率（Cumulative Abnormal Return）的计算方式如下：

$$AR_{i,t} = R_{i,t} - R_{m,t} \qquad (2-1)$$

$$CAR(t_1, t_2) = \sum_{t_1}^{t_2} AR_{i,t} \qquad (2-2)$$

其中，$R_{i,t}$ 表示 i 公司第 t 期的股票收益率，$R_{m,t}$ 表示 i 公司所在市场第 t 期的收益率，$AR_{i,t}$ 即表示 i 公司股票第 t 期超过市场平均报酬率的那一部分收益率。这样的衡量方法可以排除影响股票价格变动的系统因素，更适合于微观财务信息在特定时期是否为市场上股价变化提供信息含量的研究。

国外较为普遍的研究模式是基于盈余反应系数（Earning Reaction Coefficient，ERC）的分析，即以会计盈余信息作为解释变量，以股票累计超额收益率为被解释变量来构建收益模型，如式（2-3），通过考察会计盈余信息的系数（α_1）来衡量会计盈余变量在股票价格中的信息含量。例如 Beaver 等（1979）运用 1965 年到 1974 年 276 家上市公司的投资组合进行研究，检验各组合会计盈余变动与股价变动的数量关系，结果显示盈余变化百分比和股价变化百分比的年度平均相关系数等于 0.74，说明两者确实具有显著的正相关关系。Foster 等（1984）的研究证实了企业季度盈余信息在其公布的前 60 日内具有市场反应，即企业盈余具有信息含量。

$$CAR_{i,t} = \alpha_0 + \alpha_1 EU_{i,t} + \varepsilon \qquad (2-3)$$

其中，$EU_{i,t}$ 表示 i 公司第 t 期的盈余。

随着投资者信息需求和增加和变化，对会计信息含量的探讨延伸到非盈余信息，包括业绩预告、审计结果、社会责任承担、股份变动等各个方面。Foster（1973）结合成交量异常变化和累计超额收益率进行综合分析，发现会计盈余预测数据无论是在股票成交量上还是超额收益率上均具有一定的信息含量。Pownall 和 Waymire（1989）、Pownall 等（1993）分别以年度和季度业绩预告数据为对象，研究发现两者均存在显著的信息含量。Nicholas 等（1986）利用收益模型对企业审计意见的类型进行市场反应研究，得到了"鉴于型"（ST）保留意见具有信息含量的结论。Murray 等（2006）结合了英国公司的年报数据和股价数据进行研究，发现当公司越充分详细地将企业社会责任的财务信息对外披露时，资本市场上公司的股票收益率就会越高，信息含量则越多。Ikenberry 等（1995）研究 1980 年至 1990 年期间公开市场股票回购公告后的长期公司业绩，发现首次公告后四年内买入并持有股票的回报率平均为 12.1%，证实了回购公告具有正向的市场反应和信息含量。

会计信息含量的衡量还可通过交易量的异常变化分析和方差分析、价值相关性等分析方法得到。交易量变化和方差分析是 1968 年由 Beaver 提出的，其原理是如果会计信息具有增量信息含量，那么投资者因接收到此信息而改变对企业的预期，通过买进或者卖出调整投资策略，从而引进股票交易量的异常变化；类似地，如果会计数据具有信息含量，那么投资者对股价的预期也会发生异动，使披露期内股票价格的变化大于未披露时期的变化，从而产生较大的超常收益率方差。所以,交易量的异常变化和超常收益率方差变化也是判断会计信息是否具有信息含量的方法之一。

价值相关性也是近年来兴起的衡量会计信息含量另一种主要方式(Kothari&Zimmerman,1995)。它由 Ohlson(1995)提出,通过构建以期末股票价格为被解释变量、每股收益为解释变量的股价模型,如式(2-4),来检验会计盈余与特定时点股票价格水平或者公司价值的相关性。由于该模型具有一定的开放性,Barth 和 Clinch(1998)在此基础上进行推进,加入有形资产和无形资产因素,考察它们与股价和市场价值的相关关系,使得股价模型得以扩展并用于检验更多会计信息的有效性。之后,会计准则的变更(Barth 等,2008)、财务报表格式的变化(Landsman 等,2012)、商业模式的变革(Baruch&Paul,1999)等均被证实会影响公司股票价格和市场价值,具有信息含量。

$$P_{i,t} = \beta_0 + \beta_1 EPS_{i,t} + \beta_2 BPS_{i,t} \qquad (2-4)$$

其中,$EPS_{i,t}$ 表示 i 公司第 t 期的每股收益,$BPS_{i,t}$ 表示 i 公司第 t 期的每股净资产。

2. 国内相关文献

赵宇龙(1998)考察了 1994 至 1996 年间上证 123 家公司的会计盈余与披露日前后 8 个交易周内股票非正常报酬率之间的关系,结果显示两者之间存在显著的正向关系,支持了会计盈余数据的披露具有信息含量的假设;同时也表明 1993 年后我国施行了为市场经济服务并与国际惯例接轨的会计准则,为财务会计信息满足市场经济下企业经营和投资者决策的需要提供了必要条件。至此,企业会计制度开始把"决策有用观"放在重要位置,会计信息的市场信息含量在我国的研究才具备了理论和实践意义。之后,多位学者运用不同时期的数据对盈余反应系数(会计盈余与股票超额收益率之间的关系)进行实证检验,结果均证实了企业会计盈余具有信息含量,可以引起一定的市场反应(柳木华,2003;罗进辉等,2012;余海宗和丁璐,2013;姜付秀等,2016;唐松等,2017;付强等,2019;等)。

我国学者亦对除盈余之外的会计信息含量进行了分析和检验。李增泉(1999)以我国 1993 至 1997 年五年间上市公司年度审计报告中的非标准无保留意见作为样本进行研究,得到"标准"与"非标准"审计结果的公司在年报公布前后具有不同的市场反应的重要结论,说明审计意见是投资者决策的重要信息依据。张晓岚和宋敏(2007)发现上市公司的持续经营审计意见会引起负向的市场反应,且持续经营审计意见的市场反应显著大于非持续经营非标准审计意见的市场反应,意味着不同类型非标准类型审计意见在市场中的信息含量存在差异。企业的内部控制也具有信息含量。杨清香等（2012）通过考察 2006 至 2009 年上证上市公司内部控制披露的市场反应发现，内部控制信息从整体和详细内容的披露上均具有明显的信息含量，内部控制有效会引起股价上涨，内部控制缺陷则引起股价下跌；强制性披露较自愿性披露的信息含量更多，详细披露则比简单披露更具市场有效性等。余海宗和丁璐（2013）等实证研究了内部控制质量对企业市场评价和盈余信息含量的影响，证实了内部控制质量不仅与市场评价明显正相关，并且还可以进一步提高会计盈余的信息含量，促使资本市场的资源配置更有效率。在其他会计信息含量的研究上，黄继承和盛明泉（2013）验证了在资本市场相对成熟的阶段（2005 年之后），上市公司高管背景特征具有信息含量，具体为：高管的年龄越大，高管变更事件引起的市场反应越消极，高管的学历过低或过高，高管变更事件引起的市场反应反而越差，即呈倒 U 形关系。若继任高管为外部选聘的，其宣告引起的市场反应要好于内部提拔的市场反应。朱松（2011）认为企业社会责任的履行是企业业绩良好和可持续经营的间接反映，因此，对 2009 年 460 家企业的社会责任报告 RSK 评分结果与股票超额收益率进行回归分析，结果显示社会责任的评分越高，股票超额收益率则越高，证明企业社会责任的履行得到了投资者的认可，具有信息含量。

从价值相关性的视角验证会计信息含量，王化成等（2004）对经济增加值（EVA）与传统会计指标的价值相关性进行比较研究，结果发现经济增加值并没有表现出优于传统净利润收益指标的价值相关性，即没有提供明显的增量信息含量。陈丽英和李婉丽（2010）同时运用价格模型和收益模型检验会计重述对企业价值的影响，结果表明上市公司的盈余重述信息没有价值相关性，但非核心重述信息会导致负向的市场反应。王鑫（2013）基于我国会计新准则中综合收益实施的经验证据，研究得到综合收益具有比传统净利润更高的价值相关性的重要结论，特别是其他综合收益中可供出售金融资产的公允价值。赵春光（2004）研究发现我国上市公司披露的现金流量表整体具有一定的价值相关性，但其程度低于会计盈余数据的价值相关性，不过经营活动的现金流量仍可以为盈余相关性提供增量信息。此外，郝臣（2007）研究了公司治理对股票价格的影响机制，发现投资者对公司治理因素进行了考虑，使公司治理的价值相关性呈逐年上升趋势，但公司治理的信息含量仍然有限，促使了股票价格中存在部分（8.73%）治理溢价的空间。

（二）会计信息含量的信息传递机制

会计信息传递机制事实上是反映会计信息通过一定的信息渠道传递至市

场投资者（信息接收者）的系列过程。在整个过程中，有诸多因素会影响信息传递的结果，比如上市公司自身特征、信息环境、信息中介特质等，现有文献对此也进行了部分研究。

1. 国外相关文献

上市公司自身特征会影响会计信息传递，Eng 和 Mak（2003）发现企业的信息披露会受到公司治理的影响，例如外部董事的增加会抑制企业信息披露，而政府持股、规模较大和负债较低的公司会披露更多的信息，这些机制影响了企业与外部利益相关者的信息不对称程度，从而影响信息在资本市场上的含量体现。Warfield 等（1995）研究发现管理层持股能够正向调节会计盈余对股票收益的解释力度，从而证实管理层持股水平会提高盈余信息的传递效率。Fan 和 Wong（2002）认为股权高度集中容易导致控制者的寻租活动，有隐瞒企业真实活动的动机，从而导致会计信息与股票收益率的低相关性。此外，学者普遍认为企业披露信息的及时性也会影响其市场信息含量。Givoly 和 Palmon（1982）、Kross 和 Schroeder（1984）等学者的研究均得出一致结论：信息披露越及时，资本市场反应越强烈，会计信息含量则越高。

更频繁地，会计信息的传递效率会受到外部因素的影响，包括外部制度环境（Robert 和 Bushman，2006）和信息中介活动（Bushee 等，2010）。Ball 等（2000）、Morck 等（2000）、Jin 和 Myers（2006）的研究结果均证明了宏观外部环境是资本市场信息传递效率重要影响因素。Miller（2006）、Frankel 和 Li（2004）则分别证实了媒体效应和分析师跟踪在会计信息市场传递中的作用，媒体关注和分析师跟踪度越高，会计信息传递效率和含量则越高。总之，会计信息含量是宏观、中观、微观各维度因素的共同作用的结果，国外研究较为成熟，可以为我们的研究提供借鉴的思路和方法，但是本书的主题研究还须结合本国实际情况，以使结论具有适用性和可靠性。

2. 国内相关文献

国内对会计信息传递机制的探究着重于外部环境、信息中介、企业特质等多方面因素对会计信息传递效率和结果的影响。

欧阳爱平和周宁（2013）认为市场化改革通过提高法治水平、减少政府干预，以及为投资者提供有效的保护，从而降低市场中的代理成本，提高会计信息与市场的相关性。实证检验也支持了市场化进程越高，会计信息价值相关性和信息含量越高的假设。朱凯等（2008）的研究表明信息环境对公允价值与股价之间的关系存在显著的调节机制，良好的信息环境有助于缓解信息不对称程度，从而提高公允价值对股票定价的增量贡献。唐松等（2011）对政治关系和制度环境对股价信息含量的影响进行研究，发现政治关系有降低股价信息含量的趋势，且这种影响在市场化程度低、法制水平较差的外部环境中更为明显，说明外部环境的优劣会影响会计信息的股价反应。施先旺等（2014）也认为市场化进程好的地区公司会计信息与市场的相关性高于市场化进程差的地区，股价中反映的企业特质信息越多，资源配置更为合理，股价崩盘风险则越小。

在信息传递中介的影响机制方面，于忠泊等（2012）认为媒体关注可以发挥公司外部治理的补充功能，通过施加市场压力，提升短期盈余信息的市场反应程度，缓解长期盈余公告的漂移趋势，即媒体关注对企业盈余信息含量具有调节作用。庞晓波和呼建光（2011）认为我国分析师已经可以在一定程度上解读财务报告向市场传达的信息了。徐欣和唐清泉（2010）的研究表明分析师跟踪能够提供关于企业研发的深层次信息，有助于资本市场对研发的价值识别。蒋艳辉和李林纯（2014）在研究智力资本多元化这类深层次信息的市场价值认同时，发现分析师跟踪发挥了有效的信息传递作用。黄霖华和曲晓辉（2014）发现分析师的积极评级能够促进长期股权投资重分类为可供出售金融资产这一会计确认变化在市场中的信息含量。以上研究均说明了信息中介具有影响会计信息传递的作用机制。

企业自身作为信息发布者，某些特质和行为也会影响会计信息传递的结果。谢建等（2015）从管理层能力、产权性质两方面考察其对会计信息价值相关性的影响，研究表明管理层能力强和非国有产权性质都可以强化会计信息与股票定价的关联性，提高会计信息的决策有用性和信息含量。姜付秀等（2016）认为上市公司董秘作为负责信息披露及投资者关系管理的重要执行人员，其财务经历和背景有助于降低公司内外部的信息不对称，从而提升会计盈余信息的市场相关性，实证结果亦支持了这一预测。付强等（2019）研究发现股权激励可以促使管理层进行更多的信息披露并降低盈余管理程度，缓解信息不对称，从而提高会计信息的可靠性和市场价值关联度。基于我国特有的制度背景，杨善林等（2006）检验了上市公司股权分置改革对股票价格和企业内在价值之间关系的影响，结果证实了股权分置改革对股票价格如实反映企业价值有促进作用，可以从一定程度上修正价格与价值的偏离，实现顶层设计中改善市场定价机制的预期。郭照蕊和黄俊（2020）还发现多元化经营的企业发展战略会阻碍会计信息的市场传递，原因在于经营涉及的门类繁多，导致了信息的分散化和反应的不足，所以进一步研究发现相比相关多元化经营而言，非相关多元化经营才是降低会计信息传递效率的主要因素。

三、资产质量信息含量的文献综述

国内外从整体上直接研究资产质量信息含量的文献并不多见,但是与资产质量密切相关的资产价值、资产质量单项特征的信息含量得到了部分文献的证实,可以为资产质量具有信息含量的观点提供论据。

(一)资产价值的信息含量

国外早有文献支持资产的账面价值在市场中具有充分信息含量的观点。Collins 和 Xie(1999)突破以往仅将净资产作为企业规模控制变量的做法,将净资产账面价值加入价格-收益模型中,通过对 1974 到 1993 年公司的财务数据实证分析,发现账面净资产在股价估计中发挥着更为主要的作用,而会计盈余却常常只含有大量的暂时成分。Francis 和 Schipper(1999)指出,盈余信息对于股票回报率的解释程度在 1952—1994 年间呈下降趋势,但是资产和负债的账面价值对权益市场价值的解释能力却一直在上升。Ely 和 Waymire(1999)利用美国上市公司 1927 至 1993 年数据,以及 Baruch 和 Paul(1999)利用 1977 至 1996 年上市公司财务数据进行研究也得到了类似的结论。Rees 和 Giner(1999)以马德里证券交易所非金融类上市公司 1986 至 1995 年的财务数据为样本,采用价格模型比较西班牙会计改革前后股票价格与会计数据之间的关系,结果表明西班牙会计改革后会计盈余与股票价格的相关性下降,而净资产与股价的相关性却得到了提升。

针对我国市场,陈丽花等(2009)基于对资产负债观的验证,运用资产负债表模型(basic balance sheet model)(Barth,1994)和价格模型(price model)(Ohlson,1995)对会计信息与企业普通股价值进行实证分析,结果显示总资产、每股净资产均与股票价格显著正相关,表明资产负债观下的会计信息投资者的评估和决策更为相关,资产在市场中是具有信息含量的。在此基础上,唐国平和郭俊(2015)构建了资产反应系数(ARC)以考察股票价格对资产账面价值的反应程度,发现公司治理水平高的企业资产质量也高,并且资产质量和资产反应系数与公司治理特征的相关关系具有同向变动的趋势,这说明了资产质量同样具有信息含量。唐洁珑等(2016)运用同样的方法不仅证实了资产反应系数假说,还发现上市公司资产质量水平与资产反应系数正相关,表明上市公司的资产质量具有增量信息含量。

在资产公允价值的信息含量方面,邓传洲(2005)研究我国 B 股公司按国际会计准则第 39 号(IAS39)披露公允价值后的股价反映,发现投资的公允价值披露没有明显的价值相关性,原因可能在于我国投资者对盈余数据的关注程度要高于对资产账面价值的关注程度。但之后,张烨和胡倩(2007)、朱凯等(2008)均验证了资产公允价值的披露具有增量信息含量,对公司股票价格和市场收益率产生了显著的增量解释能力。庄学敏和罗勇根(2014&2015)进一步认为在内部控制质量水平良好、行业竞争程度高、市场环境完善的情况下,公允价值这一会计信息更能被投资者认可,成为他们作为投资决策的依据,最终影响股票价格,体现出公允价值的信息含量。

(二) 资产质量特征的信息含量

首先,在资产流动性的信息含量方面,Amihud 等(1986&2002)开创了资产流动性与股票定价之间关系的研究,并得到资产流动性是股票预期收益重要因素之一的结论。Kluger 和 Stephan（1997）利用包括流动比率、买卖价差、公司规模等不同指标来衡量企业资产的流动性,发现每个指标都显示出流动性溢价,但综合比率能更好地解释股票的预期回报。Gopalan 等（2012）发现资产流动性与股票流动性之间存在着积极的经济关系,这种关系可能是正的也可能是负的,但是对于不太可能再投资(增长机会较少、财务受限)的公司来说,资产流动性更能提高股票流动性。Charoenwong 等（2014）调查了 47 个国家的资产流动性与股票流动性之间的关系,发现资产流动性较高的公司平均拥有较高的股票流动性,支持了估值不确定性假设;同时,在信息环境较差的国家,资产流动性在解决估值不确定性方面发挥着更重要的作用,在会计准则较差的国家,资产存量流动性与股票流动性的关系更为密切。Ze-To 和 Man（2016）通过对资产流动性和股票收益的研究,认为资产流动性可以表现出强劲的收益预测能力,资产流动性与股票未来收益之间呈现正相关关系,这种关系在资产生产率更高、现金流质量更高、资本投资更低的企业中尤为明显。

其次,有关资产减值信息披露的信息含量研究,早年文献一般认为,市场对减值公告的反应是负向显著的(Strong 和 Meyer,1987;Elliott 等,1988;Rees 等,1996)。然而,随着研究的深入和细致,学者们发现减值所提供的信息内含并不总是一致的,原因在于企业计提减值的动机和类型是有差异的。Francis 等（1996）在分析美国 1989—1992 年间发布资产减值信息公告的 674 家上市公司财务数据的基础上,认为资产减值所传递的信息应分为三类——经济价值减少、企业战略转变和高管盈余操纵,并检验不同类别减值信息可能产生的市场反应。结果表明,当资产减值传递第一类信息时,未被市场预期的减值将导致市场回报的下降;当资产减值传递第二类信息时，即当前的减值是企业战略转变所致，而新的战略通常预示着未来发展的更多机会，股价将作出正向的反应；当资产减值传递第三类信息时，市场的反应将取决于投资者对盈余管理的判断和态度。Bunsis（1997）利用1983—1989年207家发布资产减值公告的公司数据研究发现，减值对预期现金流的影响方向是具有信息含量的，因为市场对乐观减值，即减值很可能会带来正正向的现金流量时，会产生正的反应；反之，则会做出负的反应。Bartov等（1998）还发现资产冲销的类型所提供的信息含量也不同，当资产冲销涉及经营方式的改变时，公司股价在减值公告前后无显著变化，资产冲销不具有信息含量；而当资产冲销仅仅反映资产减值时，公告后公司股价就会明显下跌，说明单纯的资产减值才具有信息含量。Chao（2008）研究发现公司治理机制会影响资产减值的市场反应，当董事、监事、机构和股东控股独立性强，CEO两职合一时，市场对资产减值的反应是积极的，否则则为消极的。步丹璐和叶建明（2009）发现新企业会计准则的实施有助于强化资产减值信息与经济因素之间的关系，因为新的资产减值准则在一定程度上降低了资产减值计提的灵活性和随意性，缩小了企业利用资产减值进行盈余管理的空间，从而使资产减值信息更具相关性。他们进一步以公司股票的累计超额回报率作为被解释变量来考察资产减值准备计提的信息含量，结果显示资产减值明细数据的信息含量显著高于资产减值总额，同时资产减值各项明细数据的预测能力和解释能力存在差异；资产减值的披露格式的改变（即取消资产减值准备明细表）降低了会计报表的信息含量。李姝和黄雯（2011）的研究结果表明，在新会计准则的规定下，资本市场对上市公司计提的长期减值准备本身具有市场反应，且反应程度在新准则实施以后的年度中显著高于执行旧会计准则的年度。进一步地，代冰彬（2015）发现公司的盈余管理动机会对资产减值的信息含量产生明显的削弱作用。

　　再次，在资产收益性方面，刘桔林（2014）研究发现总资产报酬率与股票价格之间是显著的正相关关系，从某一方面证明了资产质量在市场中的信息价值。

　　最后，关于资产配置的信息含量研究，罗进辉等（2012）发现资产结构中在建工程占总资产的比例越大，会计盈余水平与市场回报率之间的相关性就越低；新会计准则的实施和股权制衡机制可以显著降低在建工程对盈余价值相关性的负面影响，而第一大股东持股比例则可以显著增强这种负面影响。杨硕和周煜皓（2017）以2015年创业板上市公司为样本研究了资产结构与股票价格的相关性，得出资产结构中专用性资产配置是企业股票价值的重要积极信号的结论。薛云奎和王志台（2001）首先发现上证上市公司披露无形资产与股票价格之间存在显著的正相关关系。邵红霞和方军雄（2006）进一步发现由于高新技术行业与非高新技术行业生产要素的差异性，两类行业的上市公司披露无形资产具有不同的市场反应，信息含量也有所差别。汪海粟和方中秀（2012）运用我国创业板公司披露的无形资产数据进行研究，得到创业板市场具有对商标权、专利、著作权等无形资产项目的甄别和定价功能。杨文君和陆正飞（2018）通过研究沪深 A 股上市公司披露的知识产权信息以及研发投入信息，发现知识产权资产信息对股价有显著的提升作用，且其向市场传递的增量信息在考虑研发投入的前提下依然明显。李丽娟等（2011）对 2008 至 2009 年上市公司披露的递延所得税项目与股票价格之间的关系进行检验，发现递延所得税这一会计信息与股价的相关性显著，可以为改善投资者对公司资产价值的判断提供部分借鉴作用。吴世农等（2019）以应收、应付项目作为研究对象，发现应收账款、应收票据、应付账款和应付票据四个报表项目具有不同的信息含量，对比应收票据，应收账款占比越高，公司的市场价值越低；对比应付账款，应付票据占比越高，公司的市场价值越低，说明资本市场对于企业应收应付项目的信息识别和认可程度存在显著差异。

四、文献评述与研究启示

（一）文献评述

综上所述，目前关于资产质量及其信息含量的研究仍存在以下不足：

（1）企业资产质量这一概念在国外研究中较少涉及，主要由我国学者依据我国企业发展背景及实际状况提出，因此研究历史尚短，大多停留在理论研究的阶段，实证研究较为缺乏。在概念界定上，资产质量缺乏系统而统一的概念规范，例如有基于计量观的以财务指标构建为基础的资产质量评价方式，有基于信息观的以资产预测盈利水平的能力为标准的考量方式等，评价体系的不完整和方法的不一致是导致目前研究结论呈多样性的主要原因。

（2）信息含量是会计信息有效性的检验结果，可以考察会计信息传递效率、企业市场互动机制等诸多问题。研究方法主要有基于 Ball 和 Brown（1968）提出的股票收益模型和基于 Ohlson（1995）构建的价格模型。两种方法各有利弊，但是考虑到资产质量贯穿于企业经营的整个周期，收益模型更为适合本书的研究，因为收益模型侧重于衡量一段时期内会计信息的市场后果。会计信息含量的研究内容已经从直观的会计盈余数据扩展至企业披露的其他信息，包括企业特质、公司治理、审计意见、政策变动及其他偶发事件等，研究范畴相对广泛，研究结论相对丰富。

（3）关于资产质量与资本市场结合的研究较少。国外文献从流动性、减值等方面进行了探讨，国内学者还从单项资产项目的信息含量上进行了挖掘，但仍没有文章从整体资产质量的综合视角探讨企业资产质量的信息含量问题。资产质量直接关系到企业持续经营的成果和未来发展的前景，并且能够影响投资者对企业预期现金流量和风险的判断，应该成为资本市场中一种有效的信息资源，提供充分信息含量，然而对这一论题的研究却相对缺乏，滞后于现实需求。

（二）研究启示

目前，国内外对企业质量及资本市场的研究状况如图2.1所示，虚线所示部分为研究相对缺乏之处，即从微观视角研究资产质量并结合资本市场的文献较少，因此也为本书提供了研究空间和内容启示。

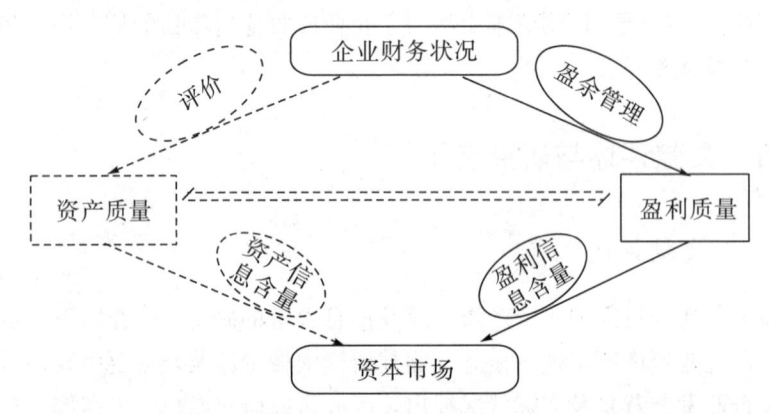

图2.1 企业财务状况与资本市场的研究现状

（1）企业的资产质量究竟如何？基于文献结论的多样性，亟须针对资产质量构建科学的评价指标，由于信息观的资产质量概念和单一质量评价方法的局限，倾向于采用综合分析法在已有评价指标的基础上增加与现有资产运行特征相符的各类特征指标，以保证评价的全面性；并运用熵值法对资产质量指数进行计算，一是避免信息的丢失和主观赋值的偏差，二是与过去使用因子分析法的结果相互印证。

（2）企业资产质量作为一种重要的财务会计信息，是否能够有效地传递至资本市场中，被投资者识别，具有信息含量呢？既然资产减值、流动性、在建工程、无形资产等个别资产项目或质量特征已经显示出市场相关性，那么综合考虑了各层次特征的资产质量在整体层面上应该也有类似的结果，如果这样，对资产质量进行全面评价的结果便可以为投资者决策提供参考信息。

（3）在资产质量具有信息含量的前提下，其信息传递的具体机制是什么样的？即资产质量信息传递过程中可能受到哪些因素的影响？又可能通过什么路径传递至资本市场呢？这些问题的研究思路都可以从会计信息传递机制的文献中得以借鉴，主要可以从外部环境、信息传递中介和企业自身特性等方面着手。

第二节 理论基础

资产质量信息含量的研究涉及企业财务状况评价—会计信息传递—投资者决策—资本市场股价反映的系列过程，要进行全面而深入的研究必须建立在完整而扎实的理论体系之上，如下便列示了本书涉及的几大主要理论（包括但不限于此）。

一、财务评价

管理大师彼得·F. 德鲁克曾经说过，如果你不能评价，你就无法管理。对企业经营业绩、财务状况进行客观的评价，是企业科学管理的重要步骤，也是实现可持续发展的前提。财务评价理论的宗旨在于通过对企业的财务状况进行不同层次和维度的分析而得到合理客观的企业评价结果。事实上，财务评价更是一种方法论，经历了近百年的进化，为现代企业管理提供了有效方法。国内外财务评价理论的发展历程整理大致如下：

财务评价起源于20世纪初的美国，最初是因为银行信贷经理和证券分析师有分析贷款企业偿债能力的需求，流动比率被当作有效指标。但是随着单一的财务指标已不能满足企业评价的多元性，财务学者们开始考虑运用综合分析法对企业财务状况进行评价。1919年，唐纳德森·布朗（Donaldson Brown）提出了杜邦财务分析体系，以净资产收益率为起点，通过将其分解为销售净利率、总资产周转率和权益乘数三项指标，综合考察企业的盈利能力、周转能力和资本结构情况。之后，哈佛大学教授帕利普（Palepu）对杜邦分析体系进行了变形、补充和发展，形成了帕利普财务分析体系。该体系包括了偿债能力比率、盈利比率、资产管理比率和现金流量比率，若想评价某一方面的企业能力，便可将相应比率层层展开，以挖掘企业财务状况发生变化的根本原因。1928年，亚历山大·沃尔（Alexander Wall）提出信用能力指数的概念，选择着重考察企业偿债能力的7个财务比率，分别对各指标进行权重赋值，以行业平均数为标准，将个别企业的结果与标准指数进行比对，评价企业财务状况的优劣。沃尔评分法开启了综合比率评价体系在财务评价理论中的应用。Pinches 等（1973）、Gombola 和 Ketz（1983）将数理统计与综合比率分析法结合，分别用因子分析法和主成分分析法对财务状况评价的各项指标进行整合，得到最终评价的结果。Kaplan 和 Norton（1992）提出了考察财务、客户、内部运营、学习与成长四方面要素的"平衡计分卡"，该评价体系的先进性在于不仅对企业过去发生的事项进行了评价，而且对企业前瞻性的投资也可以进行评估。查尔斯·吉布森（1996）利用库柏轮胎橡胶公司的资产负债表和利润表的财务数据，运用财务比率分析、同型分析与结果比较、对比检查等方法，站在投资者的全新角度对公司的资产流动性、偿债能力、获利能力等进行了全面的剖析，以达到判断和预测企业整体财务状况的目标。Muresan 和 Wolitzer（2003）延伸了财务状况的框架，加入企业价值为参考要素，构建了 PALMS（P——利润率、A——资产利用率、L——长期偿债能力、M——市场价值、S——短期偿债能力）的综合分析方法全面评价企业的财务状况。

　　财务评价理论在我国的应用可追溯到20世纪90年代，国有企业绩效评价的需求开启了财务评价在我国企业中的广泛适用。1993年，财政部首次颁布了针对国有企业的《公司绩效评价操作细则》，至2006年，细则经过多次修改后，最终形成了由财务效益状况、资产运营状况、偿债能力状况和发展能力状况四部分评价内容共28项指标组成的评价体系。该体系沿用西方常用的综合分析法，并结合我国特有的企业制度背景进行了多因素分析和多层次指标的设计。之后，国内学者和专业机构也开始针对我国普通企业进行财务评价研究。张金昌（2002）以提升企业竞争力为目标，以考察企业盈利能力为基础，构建了以利润、资产、销售收入、数量和价格为基本要素的企业竞争力评价体系。刘志纯（2005）对上证50上市公司2004年的盈利能力、竞争能力和成长能力等进行综合评价，运用的是变异系数总指数法对选取的主要财务指标进行整合和计算。Wang 和 Li（2007）对财务指标采用因子分析法构建指数，以评价企业的生存和发展能力。另有学者提出财务质量或财务状况质量的概念，并以财务评价理论为指导，形成相应的质量评价体系。例如复旦大学和"证券之星"于2001年借鉴沃尔评分法合作开发的"上市公司综合财务质量测评系统"，通过分析18个财务指标，对上市公司的盈利能力、现金流量、偿债能力、资产管理能力和成长能力等进行综合考察。张新民（2003）指出对上市公司财务质量的评价，应该从资产状况、收益状况、现金流量状况等方面选取财务指标来开展。钱爱民（2003）借鉴 Rappaport 模型从增长、盈利、风险三个维度选取指标，构建出一套较为完整的企业财务状况质量体系，并利用我国 A 股制造业上市公司的财务数据对其有效性加以检验。

对于财务分析与财务评价的关系，笔者认为前者一般是企业经营过程中所做的工作，后者一般是股东或其他利益相关者所关注的结果，财务分析为财务评价提供了方法和工具，但财务评价不能仅局限于财务分析层面，而应该更具有全局性和前瞻性。因此，本书立足于考察企业资产的实际运行状况，通过构建资产质量评价体系得到企业资产质量的评价结果，应是以合理科学的财务评价方法和体系为基本理论指导的。

二、资产负债观

资产负债观与收入费用观是会计理论中两种不同的收益决定观点，资产负债观中收益的计量是以资产和负债的变动为基础的，资产和负债的变化才是收益的来源；对应地，收入费用观中收益的计量是以收入和费用的配比来完成的，收益产生后才对资产和负债的变化进行分摊（李勇等，2005）。可见，资产负债观与收入费用观的内涵存在本质上的区别，在两种计量观点下，会计收益计量的基准不同，会计信息的可靠性与相关性亦会有显著差异。资产负债观强调以资产为第一要义，其他会计要素均可以通过资产来表示，负债可以当作负资产，权益是净资产，利润收益或损失即是资产的增值或减值的结果。所以无论交易是否存在，资产的风险和市场价值得到了更充分和更准确的体现，企业的经营成果也与当前市场和经济环境紧密联系。这对于考察企业实际经营成果和预测发展潜力更为有效，更符合金融工具盛行和创新层出的现代市场经济对会计的要求。也就是说，相较于收入费用观下的会计信息，以资产负债观为基础的会计信息更能为利益相关者的决策提供有用信息，使会计信息传递效率有所提高。陈丽花等（2009）利用新会计准则实施一年的所得税数据进行实证分析，得出资产负债观的应用确实在一定程度上提高了中国上市公司会计信息质量的结论。诸多学者也持支持态度（吴水澎和徐莉莎，2008；王建新，2010；顾水彬，2015；等等）。

从会计历史的发展脉络来看，会计理念经历了由"资产负债观—收入费用观—资产负债观"的否定之否定过程。人类会计形成的初期，是以原始的资产负债观为理念的，此时的资产负债表是最基础的会计报告，着重对原始资产的保全。到19世纪末，西方工业革命催生了股份制企业的出现，两权分离促使了所有者对经营者业绩报告的客观要求，受托责任观成为会计的主要目标。由于资产和负债显然不如收益的报告来得效率和直观，于是利润表的作用被放大，收入费用观的会计理念被广泛采纳。然而20世纪70年代后美国经历的通货膨胀，致使以历史成本为计量原则的会计信息可靠性和可比性恶化，尤其是安然舞弊案的发生，更让人们意识到收入费用观为会计舞弊提供操作空间的弊端，只有以客观存在的资产和负债为计量依据的会计信息才是真实可靠的（Wolk等，2004）。美国财务会计准则委员会明确提出资产负债观才是最适合的会计准则基础。

资产负债观的贯彻是与经济背景相适应的。在中国，20世纪90年代末我国经济开始由计划经济向市场经济转轨，特别是国有企业的股权分置改革、所有股份均实现流通后，会计信息与市场接轨的需求急剧增加，以收入费用观为基础的旧会计制度已然不能满足现实需要，所以2006年财政部颁布了新会计准则体系，推进了我国会计准则与国际会计准则的趋同，重新引入了资产负债观的会计理念，并在《基本准则》中明确："财务会计报告的目标是向财务会计报告使用者提供与企业财务状况、经营成果和现金流量等有关的会计信息，反映企业管理层受托责任履行的情况，有助于财务会计报告使用者作出经济决策。"之后，我国会计准则又对"金融资产准则""无形资产"等多项准则进行修订，这是我国会计准则落实资产负债观、贯彻决策有用观会计目标的重要体现。

通过以上论述，我们可以总结出如下要点：首先，资产负债观才是会计最初形成的本原，也是符合现代市场经济发展的会计理念；其次，会计理念与不同时期内会计目标相适应，资产负债观体现了决策有用观的会计目标，收入费用观体现了受托责任观的会计目标；再次，资产负债观以客观资产的存在和变动为计量依据，收入费用观以交易形成的收益为计量依据，忽略了现实环境中非交易因素的影响；最后，资产负债观下的会计信息相关性和可靠性更为凸出，会计信息质量则更高。资产负债观与收入费用观的区别总结如表2.1。

表2.1 资产负债观与收入费用观的差异对比

主要差异	资产负债观	收入费用观
发展时期	原始时期、20世纪末至今	19世纪末到20世纪末
理论基础	资产的本质	收入费用配比
会计目标	决策有用观	受托责任观

续表

主要差异	资产负债观	收入费用观
确认因素	资产的变动、交易与非交易因素	损益的实现、仅交易因素
会计信息质量	高	低

资产负债观下，资产是比利润更为重要的会计要素，以资产为计量起点而形成的会计信息更能实现决策有用观的会计目标，那么以资产的客观存在和运行状况为评价对象而得到的资产质量水平，是否也能向投资者提供有效信息，对证券市场而言具有信息含量呢？资产负债观的会计理念正是这些假设存在的理论基础。

三、信息不对称与信号传递理论

信息不对称（Information Asymmetry）是指在市场经济活动中的不同个体由于所处的环境、信息渠道和自身能力差异等原因，造成对于同一信息的了解及掌握并非完全相同，于是出现了信息优势端和信息劣势端的区别，即信息双方或多方处于一种对信息的把握程度并不完全对称的状态。

传统的经济学研究多是建立在信息完全对称的前提下的，但是随着部分经济模型对现实现象解释的失效，学者们开始意识到信息不完全会对经济决策和后果产生影响，于是信息不对称这一客观现象为现代经济学家提供了研究方向，成为众多研究课题的必然前提假设，在现代市场经济活动中扮演着不可或缺的角色。信息不对称会导致两类经典的经济问题，一是道德风险，二是逆向选择。道德风险是指拥有信息优势的一方有侵害没有信息优势一方利益的可能性，例如企业管理中的内部人问题、银行贷款中的贷款不按规定用途使用等问题。逆向选择是指在交易之前，信息劣势方不能掌握对市场中优质品和劣质品进行区分的关键信息，于是出现次品被选择，而良品被淘汰的现象，"柠檬市场"即是逆向选择的典型例子（Akerlof，1970）。所以，无论对于企业还是市场而言，信息不对称都是影响参与者决策和信息传递效率的重要因素。脱离信息不对称的背景而研究会计或财务信息与市场的相关性是不科学的。

如果说信息不对称是造成信息传递成本和决策失误的主要原因，那么Spence于1973年提出的信号传递理论（Signaling Theory）便可用于解决信息不对称以及信息获取过程中的成本问题（范培华和吴昀桥，2016）。在Spence提出的经典招聘模型中，当招聘者无法有效地判断求职者的能力时，求职者可以把教育背景作为代表个人隐性生产能力的信号传递给招聘者，使自己区别于其他人，获得较为公平的待遇，从而克服招聘双方信息不对称导致的决策失误后果（Spence，1973）。那么信号传递理论究竟为何呢？

信号是信号传递理论的核心概念，所谓信号，即承载信息的载体，信号是各类具体信息的表现形式，通过对信号的解读，可以了解深层次的详细信息，例如人力招聘人员通过教育背景这一信号就可以大致解读出求职者的学习水平和工作能力。结合Shannon（1948）的信息论，信号传递大致涉及三个阶段，即信号发布、信号传递和信号接收。享有内部信息的个体或组织首先发布信息，然后通过一定的信息渠道，包括信息环境和传递媒介等将信号传递到接收者处，接收者对信号进行识别和解读，筛选出对自己有用的信息，作为相关决策的依据。信号传递理论的简略体系如图2.2所示。可见信号传递的效率受到发布者、传递过程和接收者不同特质的诸多影响，所以优化各个流程是缓解信息不对称，实现信息有效传达的解决方法。

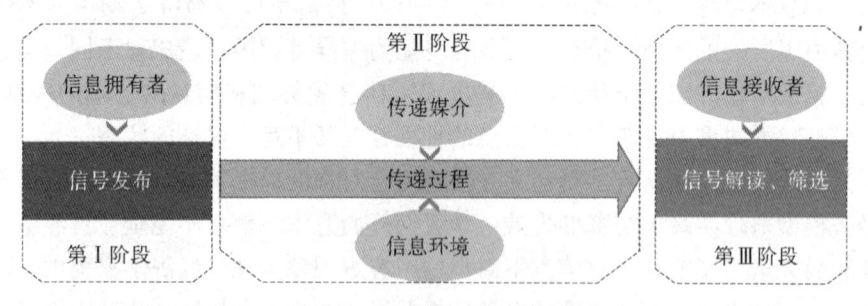

图2.2 信号传递三阶段演示

基于此，信号传递理论被广泛应用于企业信息市场有效性的检验中。企业发布的财务报告就是企业管理层向外界释放的关于经营绩效的信号，投资者通过对财务信息的解读来做出对企业的投资决策，实现资本市场中对企业资源的配置。然而，由于企业内部管理人员与市场投资者之间存在信息不对称（Sudipto，1979），投资者不可能做出在信息完全对称状态下的理性决策，从而影响会计信息在市场中的传递效率。因此在本书中，信号传递理论就为我们研究资产质量与市场中股价变化的相关性，并探索这种相关性的运行机制提供了思路与依据。例如在资产质量市场后果的研究中，我们认为资产质量释放了企业资产真实运行状况及发展前景的信号，投资者对信号的接收和理解程度决定了市场中股价的表现；在信息传递机制的探索中，我们以信号传递理论的第二阶段为启发，从信息环境和信息介质多个层面探索资产质量信息含量的调节机制和信息路径的传导机制。

四、有效市场假说理论

有效市场假说（Efficient Markets Hypothesis）理论在现代金融市场主流理论的基本框架中占据重要地位。它由美国经济学家尤金·法玛（Eugene Fama）于1970年提出并进行了深化。Fama认为在参与市场的投资者是理性经济人且能够对信息作出及时合理反应的前提下，所有与公司相关的信息均可以反映在股票价格的趋势中，此时市场便是有效的。进一步地，Fama将信息分为历史信息、公开信息和内部信息，并依据股票价格可以反映的不同信息种类而将市场区分为弱式有效市场、半强式有效市场及强式有效市场。具体而言，当股票价格中包含了所有与公司相关的历史信息，投资者无法根据过去的股票价格和收益率来获取超额报酬时，市场是弱式有效市场；当股票价格可以反映除与公司相关的历史信息外，还可反映当前所有的公开信息，投资者无法通过分析历史信息和公开信息去获取超额报酬时，市场是半强式有效市场；当股票价格中包含了所有与公司相关的信息，投资者无法通过历史信息、公开渠道和非公开渠道去获取股票超额报酬时，市场则是强式有效市场。放眼国内外各资本市场，尚未发现完全强式有效的市场，上市公司的所有消息（包括内、外部消息）均反映在股票价格中并不现实（侯永建，2005），故弱式有效或者半强式有效是更接近于现实中的市场形态，对于中国这样的新兴市场更是如此。

在有效市场假说的理论基础上，资本资产定价模型（CAPM）、套利定价（ATP）模型等众多现代金融投资理论相继产生（徐龙炳和陆蓉，2001），会计研究中也兴起了关于会计信息含量和价值相关性的研究热潮。我国学者通过把企业信息（多数为财务会计信息）与资本市场中股票价格的趋势相联系，检验市场有效性的程度，对证券综合指数进行分段观测。张兵和李晓明（2003）的研究结果表明中国证券市场从1997年以后变得更为有效率了；谢晓霞（2007）发现我国沪市并未达到真正意义上的弱式有效，而是处于无效向弱式有效市场的不稳定进化过程中；胡金焱和郭峰（2013）认为我国市场总体上具有弱式有效的特征。

在我国市场呈现弱式有效的情境下，企业会计信息作为一种历史的公开信息，应该可以充分及时地反映在当期股票价格中，依据财务报表分析得到的资产质量状况，也可以向投资者提供判断股价走势的增量信息。因此，在投资者买卖行为的驱动下，资产质量与市场中股票累计超额收益率之间很可能存在某种联系，即具有信息含量。总之，市场有效与否是资产质量信息传递的外部环境条件，有效市场假说成为本书研究的重要基础理论之一。

五、资产质量及其信息含量的理论路径分析

通过对以上各个重要理论的阐述和分析，相信本书的研究可以在不同的理论指导下实现，详见表2.2。

表 2.2　主要研究内容与指导理论

研究内容	指导理论	
企业资产质量评价	财务评价	资产负债观
企业资产质量的信息含量	有效市场假说	资产负债观
信息传递机制	信息不对称	信号传递理论

首先，在企业资产质量评价中，基于资产负债观以资产为第一要义的主旨，界定资产质量的意义凸显，同时财务评价理论为资产质量指标体系的构建和评价提供方法论。其次，在有效市场假说的理论基础上，我国资本市场上股价趋势应该可以对企业资产质量这一财务信息进行及时的甄别和反应，说明资产质量可以为投资者决策提供有用信息，具有信息含量，也符合资产负债观决策有用的会计目标。最后，在资产质量具有信息含量的前提下，信息不对称和信号传递理论为我们进一步探讨资产质量信息传递的影响机制和传导路径提供了指导框架，使我们准确定位研究方向，获得有意义的结论。

第三章 资产质量的理论框架与评价体系

第一节 资产质量的概念

通过前文有关资产质量的文献梳理，可以发现学术界对资产质量内涵的界定并不明确，因此，为了明确本书研究对象的概念，奠定后文研究的基础，本书首先立足于资产的概念，结合"质量"的定义，明确评价立足的视角，并通过回顾资产质量的提出历程，演绎本书界定的资产质量概念。

一、资产的再认识

资产作为六大会计要素之首，在企业经营与财务活动中发挥着根本性的作用，因此，明确资产的定义和作用，是帮助我们界定资产质量概念的基础。美国会计学家斯普瑞格（Sprague）在其出版的《账户原则》（*Philosophy of Accounts*）中给出了资产的最初定义：资产是以前所提供服务的聚集和将要获取服务的贮存。经过1个多世纪的发展，对资产的认识大致经历了未耗成本观、借方余额观、未来经济利益观和经济资源观等阶段。1940年，佩顿（Paton）和利特尔顿（Littleton）在《公司会计准则导论》（*An Introduction to Corporate Accounting Standard*）中立足于未耗成本观，将资产视为一种成本：成本可以分为两部分，其中已经消耗的成本为费用，未耗用的成本为资产。显然这种观点与历史成本会计模式密不可分，强调了资产取得与生产耗费之间的关系，但这种观点并不适用于之后经济模式的发展。资产的借方余额观体现为美国会计师协会在其1953年颁布的《会计名词》中对资产的定义：资产是依据会计的规则或原则，而在账簿上结转到账户借方余额所代表的事物。这使资产一词被更多地赋予会计专业色彩。然而，1985年财务会计准则委员会（Financial Accounting Standards Board，FASB）在第6号公告中对资产的界定是：资产是一特定主体因为过去的交易或事项而形成的，并为主体拥有或控制的、可能的未来经济利益。这无疑体现出会计学界对资产的定义有向经济学领域倾斜的趋势，但将资产定义为未来经济利益难以可靠准确地计量，与会计的基本原则相矛盾。于是1989年，国际会计准则委员会（International Accounting Standards Committee，IASC）进一步完善了资产的定义：资产是指由于过去事项形成而由企业控制的、预期会导致未来经济利益流入企业的经济资源。这一定义整合了会计领域与经济领域的观点，获得了大部分学者和从业者的认可，使经济资源观被普遍（FASB、IASB、CICA等会计组织）接受，因此成为至今为止国际上较为权威的企业资产定义。

我国会计学者葛家澍和陈毓圭通过对资产本质的探讨，也一致认为资产是企业资金的占用，实际上就是企业的一项经济资源。国内现行会计准则[①]注重与国际会计准则的趋同，沿用了资产是经济资源的概念表述，明确资产是指企业过去的交易或事项形成的、由企业拥有或控制的、预期会给企业带来经济利益的资源。理解资产可以从以下维度展开：①资产不能独立存在，即它只能是附属于某一特定企业的，企业对资产具有所有权或者实际使用权；②资产的本质是资源，但必须具有预期为企业带来经济利益的作用，即那些预期不能再给企业带来利益的资源并不能划入或应将其移出资产的范畴；③资产是由已发生的交易或事项形成的，具备计量基础。

二、质量的概念

质量在《汉语大词典》的中解释为：①物体中所含物质的量，也就是物体惯性的大小，表示质量所用的单位和重量的单位相同，用斤、公斤等。一般用天平来称。质量通常是一个常量，不因高度或纬度而改变。②产品或工作的优劣程度。

实践中对于质量的理解，最有代表性的就是"零缺陷管理"理论中对质量的界定：质量就是符合要求。这由质量大师菲利浦·克劳士比（Philip Crosby）于20世纪60年代初首次提出，它的推广为制造业产品质量的提高

[①] 我国现行会计准则由2006年2月15日财政部令第33号公布，自2007年1月1日起施行；2014年7月23日根据《财政部关于修改〈企业会计准则——基本准则〉的决定》修改。

找到了途径。ISO 9000（2000）对质量的界定为：一组固有特性满足要求的程度。这一表达具体化了质量的范畴，使得质量的评价主体不仅是产品，也可以是某项活动或过程工作，还可以是整个管理体系的运行。

综上，在不考虑物理学中质量概念的前提下，质量问题转化为是否有不符合要求的问题，既然涉及程度性，也可以认为质量是可测量和评价的。

三、立足于企业的视角

要界定出科学的资产质量概念，必须明确评价资产质量所需立足的视角，即资产产生的效用应该以满足谁的要求为标准？曾有学者提出资产质量应以满足利益相关者的预期为准，例如满足债权人的偿债要求，满足投资者的期望收益等，然而对究竟满足哪一类利益相关者或者全部利益相关者的要求并未做详细论述。由于不同类型的利益相关者对企业资产运行的要求并不一致，容易导致评价结果的主观差异，所以评价资产质量应该以企业本身为立足点，因为只有企业对其所拥有的资源了解清晰，有明确的经营目标，对各项资产的用途和效用预期才可能是合理的。加之，企业对资产的要求应该是最为全面和严格的，因为既要保证股东的投资回报，履行债权人的偿债要求，又要提升供应商和客户对货款支付和产品质量的满意度，还要满足监管者的监管要求。总之，只有立足于企业自身的视角，以主人翁的姿态，对资产质量进行评价，才可能满足各种利益相关者对资产效用的要求，得到科学的资产质量概念和客观的资产质量评价结果。

四、资产质量的概念演绎

（一）我国企业资产质量的提出背景

从第二章中的文献综述可知，企业资产质量的概念是从 21 世纪初才被我国学术界关注，干胜道、张新民、钱爱民等一批学者站在实体企业的角度，以资产本质为出发点，提出体现企业资产质量的不同特征，并在此基础上构建了相应的指标体系以衡量企业的资产质量。他们认为资产质量不仅对企业持续运营及盈利能力至关重要，还与企业战略相适应，直接关系到企业的可持续发展。

事实上，资产质量在企业实践中具有重要的应用价值，我国国有企业绩效评价体系即是最好的体现。回顾其发展历程可知，资产质量并非完全新生的概念。1999年和2002年财政部相继颁布的《国有资本金效绩评价规则》和《企业效绩评价操作细则（修订）》，标志着我国综合型国有企业绩效评价体系的初步形成。该体系从出资者角度出发，从财务效益、资产运营、偿债能力、发展能力四方面展开对"国有资本金"的状况评价（王斌，2008）。对竞争性国有企业进行专门的评价，释放了如下几个信号：一是在我国的顶层设计中便强调对企业财务信息的挖掘，重视企业真实财务状况的评价；二是资产运营状况是企业绩效评价不可或缺的方面，涉及各类资产周转率、不良资产率、资产损失率等度量指标，资产运营状况实际上就是资产质量这一概念的雏形。2006年，国有资产管理委员会根据《企业国有资产监督管理暂行条例》（2003）出台了《中央企业综合绩效评价管理暂行办法》（国资委令第14号），之后的《中央企业综合绩效评价实施细则》（2006）明确了企业综合绩效评价指标及权重（详见表3.1①），目前我国企业的绩效评价体系仍主要来源于此（柳学信和苗宁柠，2018）。评价体系的主要评价内容包括了盈利能力、资产质量、债务风险、经营增长四个方面，实际上是对之前企业效绩评价内容的沿袭和丰富，使得我国国有企业的绩效评价体系更为完善和科学。值得注意的是，资产质量的评价指标包括了总资产周转率、应收账款周转率、不良资产比率、流动资产周转率、资产现金回收率，可以体现企业所占用资源的利用效率、资产管理水平与资产的变现能力等；更为重要的是，这是实务中首次正式地提出资产质量的概念，说明资产质量在客观反映企业资产运营状况、引导企业经营、对抗企业风险、提升企业价值及支持企业可持续发展等诸多方面都发挥着不可替代的作用。

---

① 表格来自2006年9月12日国有资产管理委员会制定的《中央企业综合业绩评价实施细则》。

表 3.1　企业综合绩效评价指标及权重表

评价内容及权重		财务绩效（70%）				管理绩效（30%）	
		基本指标	权数	修正指标	权数	评议指标	权数
盈利能力状况	34	净资产收益率 总资产报酬率	20 14	销售（营业）利润率 盈余现金保障倍数 成本费用利润率 资本收益率	10 9 8 7	战略管理 发展创新 经营决策 风险控制 基础管理 人力资源 行业影响 社会贡献	18 15 16 13 14 8 8 8
资产质量状况	22	总资产周转率 应收账款周转率	10 12	不良资产比率 流动资产周转率 资产现金回收率	9 7 6		
债务风险状况	22	资产负债率 已获信息倍数	12 10	速动比率 现金流动负债比率 带息负债比率 或有负债比率	6 6 5 5		
经营增长状况	22	销售增长率 资本保值增值率	12 10	销售利润增长率 总资产增长率 技术投入比率	10 7 5		

（二）本书界定的资产质量

笔者认为，资产质量不能脱离资产的本质，即资产质量的概念须达到反映资产作为经济资源能够为企业带来经济利益这一根本作用的要求，同时还应遵循质量即"满足要求"的观点，加之前文已明确满足的要求应以企业本身为准，所以，资产质量的概念可归纳为：资产实际发挥的效用对企业预期要求的满足，包括对资产带来经济利益的总量、方式和效率等是否能够满足企业预期、具体满足程度多少的考察。这样的资产质量概念可分解为以下几个层次：

首先，本书评价资产质量是站在企业的视角，因为资产是存在于特定的企业环境中的，不同的企业对资产的利用不同，导致同样的资产在不同环境中所能发挥的作用并不相同，那么我们对资产质量的探讨就必须界定于特定的企业环境中；其次，资产为企业带来经济利益过程是动态变化的，表现为资产在企业不同的存续时期表现出的质量特征是变化的，资产运行的结果并不总是满足企业目标，并且这种满足程度也会随时间而发生变化；再次，必须有明确的企业目标，通常企业的目标是实现企业价值最大化，那么通过考察资产运行的方式、效率和带来的经济利益是否有助于这种目标的实现，并比较两者之间的差距，可以了解资产质量的优劣；最后，资产质量是可以衡量的，因为资产运行过程中表现出的质量特征可通过一系列的指标进行度量，这些指标可以从不同层面反映资产质量的水平或存在的问题。

此外，值得注意的是，资产从形态上可以分为有形资产和无形资产，无形资产尽管无法用物理质量进行衡量，但其给企业带来经济利益的潜力却是明显无遗的，所以，在考察企业资产质量时不应过多地关注资产的物理质量，而应更多地关注资产在企业经营过程中发挥的整合效用，这一观点与以往文献中提及的系统质量相统一。在本书的研究范畴中，着重站在企业的立场从财务视角去考察资产在企业财务活动中体现出的系统质量，对于资产的物理质量不做过多考察。这种资产的系统质量不仅与资产本身有关，还与其所属的企业密切相关，企业的内外部经营环境及相关因素都会对资产质量的水平产生影响。

至此，资产质量的演绎过程如图3.1所示。

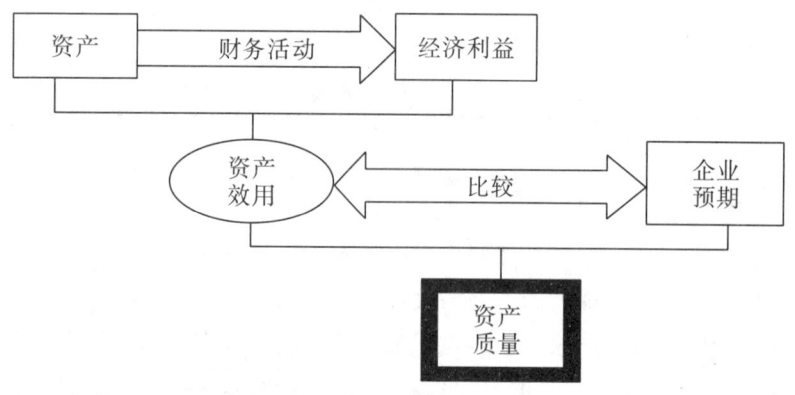

图3.1 资产质量的概念演绎

第二节 资产质量的特征

资产质量的概念已得到界定，之后的问题便是如何对资产质量进行评价了。如前分析，对企业的预期要求并不容易量化，这给我们比较资产效用与预期要求造成了一定的困难。然而，从另一角度，我们参考财务评价的方法论，发现资产在发挥效用的过程中，会表现出一系列体现质量的特性，即资产质量特征。王秀丽和张新民（2003）认为资产质量可以从变现质量、被利用质量、组合增值质量以及发展质量四个方面的特征进行剖析。钱爱民和张新民（2009）将资产质量特征从总体、结构和个体不同层面进行发掘，最后将资产质量特征演绎为总体层面的增值性、获现性，结构层面的整合性、流动性、资本结构对应性、战略吻合性，个体层面的盈利性、保值性、周转性、协同性等。张付荣（2010）考虑了资产抵抗风险的能力，将资产质量特征总结为流动性（变现能力）、盈利性（盈利能力）和风险性（抵抗风险的能力）。

在前人研究的基础上，笔者认为探索资产质量的特征，仍然要立足于资产质量的内涵，同时结合资产实际运行的规律和现行企业财务评价的侧重点进行总结，使资产质量得以全面、具体、真实的体现。具体包括六个方面。

一、盈利性

资产的本质是经过企业的安排和使用，为企业带来预期的经济利益，所以资产质量的核心应该是盈利性，表现为资产为企业带来经济利益的能力，无论总体资产还是个别资产都应具备这种特征，否则即为低质量资产。盈利性在于衡量企业资产获取经济利益的总量，是资产质量的直接表现，也是最为首要和核心的质量特征。因为获取经济利益是企业实现生存和可持续发展的前提，而资产能否获取经济利益是其能否满足企业预期的第一判断标准。

二、获现性

值得指出的是，部分学者将获现性，即资产获得实际现金流量的能力，单列为资产质量的特征。这一做法不无道理，因为利润仅是基于权责发生制而生成报表数据，单凭表面数字无法衡量企业实际获得的切身利益。并且，目前在部分企业中存在利用盈余管理、盈余平滑等多种手段掩饰企业实际盈利状况，致使盈余数据的可靠性下降的情况。此时，基于收付实现制而生成的现金流量表无疑可以作为利润数据的有效补充。所以，判断企业资产质量时，获现性特征是不可或缺的一个方面。

三、存在性

资产质量的存在性特征反映了资产的实际存在状态，可以从两方面进行考察：一是不良资产的比重，对于那些存在于企业资产总量中但却不能给企业带来预期经济利益的资产，一般处于闲置或低效运作状态，应从总资产中予以剔除，例如三年以上应收账款、长期待摊费用、待处理财产净损失、递延资产等；二是考察不同形态资产有机整合的合理性，包括资产的类型和结构搭配，例如流动资产与固定资产的分布、有形资产与无形资产的组合、经营性资产与投资性资产的配置等。存在性可以体现资产现有状态与企业发展目标的符合程度以及资产创造经济利益的方式，从而影响资产的总体运行效率。存在性特征良好是其他资产质量特征得以体现的基础。

四、周转性

前述资产质量特征反映了资产带来经济利益的总量和方式，进一步地，便应考虑资产创造经济利益的效率了。资产是企业创造价值的物质基础，当其他条件不变时，相同规模相同类型的资产在相同时间内却可以创造不同总量的利润，原因在于一定时间内其被利用的程度不同，即资产的周转率。某项资产的周转速度越快，表明该项资产在单位时间内被利用的次数越多，在单位时间内为企业赚取的收益总量就越多，体现为高质量资产；而那些无法正常周转、低速周转甚至被闲置的资产，往往属于低效率运作资产，质量不高。衡量资产运行效率的特征可总结为资产的周转性特征，是资产质量的内在表现形式。

五、发展性

企业持有并利用资产的最终目的是实现可持续发展，因此资产能否帮助企业实现发展目标是资产质量好坏的一个重要评判标准，归结为资产质量的发展性特征，衡量资产在被使用的过程中为企业未来发展提供保障的能力。企业的发展直观表现为资产规模的扩张，根据李勇等（2005）的观点，资产负债观使我们能够通过资产规模的变化来看企业的发展，因为企业发展无非两种路径：一是在已有资产的基础上保证良好的经营状况，即净利润的持续流入；二是购置新的资产，开发新业务或增加生产能力，实现经营规模的扩张。无论哪种方式，最终都使资产的总额增加了。发展性特征是资产质量实现的目标体现。

六、安全性

收益与风险并存，资产还应具有抵抗风险的能力，体现为资产质量中的安全性特征。企业面临的风险包括经营风险和财务风险。企业由于经营方面的原因而引起收益变动的可能性是经营风险，主要归因于管理层人员决策失误、经营方向错误或外部经济环境恶化等因素，尽管经营风险不可完全规避，但高质量的资产可以在一定程度上缓解企业面临的经营风险，特别是应对系统性风险时，资产质量高的企业往往能够持续经营和发展。财务风险是指企业使用债务资本后，由于承担负债责任而产生的债务违约、现金流中断等系列风险，主要表现为资产与负债（负资产）的结构安排。当资产足以保障企业的债务按期偿付时，企业的财务风险较小，才可能给企业带来良好的商业信用，保证现金流通畅，实现持续经营。所以，资产质量的安全性特征是企业正常运营的保障，不可忽视。

第三节 资产质量的分类

为深化资产质量的研究，本书研究思路分为两条：一是延续已有做法，将所有资产作为一个整体进行评价；二是选取合适的分类标准，细化资产质量的类别，对不同的资产质量给予评价和研究。

一、物理质量和系统质量

首先是从质量的内涵上将资产质量分为物理质量和系统质量。物理质量是指资产从物理形态，包括重量、结构、材质、新旧等方面表现的质量；系统质量是指资产在企业管理过程中作为一个系统运行的质量（余新培，2003；徐文学等，2003&2007）。由于物理质量仅在有实物形态的资产中体现，对于企业中那些可以给企业带来可观经济利益却无实物形态的资产无法衡量，因此这种分法无法从财务角度和资产核心作用的角度对资产质量进行科学全面的概括，也与本书着重探讨的资产系统质量或财务质量有所偏离。

二、总体质量、结构质量和个体质量

其次是强调从层次性上将资产质量分为总体质量、结构质量和个体质量（钱爱民，2009），因为企业不同层面的资产质量为企业内部管理者提供的信息是不同的。而不同层面的资产质量未必总是保持一致性，例如，在企业运营过程中经常出现如下情形：资产质量总体上优良的企业，可能个别资产项目的质量很差，而资产质量总体很差的企业也可能会有个别资产项目的质量较好。特别说明，仅研究某一层面的资产质量并不能充分地反映企业真实的

资产质量情况。

三、按照账面价值实现程度分类

再次是以资产质量的好坏程度作为分类标准。王秀丽和张新民（2003）通过比较资产的账面价值与变现金额，以资产的变现金额来衡量资产被进一步利用的价值，将资产质量分为三类：按照账面价值等额实现的资产、按照低于账面价值的金额贬值实现的资产以及按照高于账面价值的金额增值实现的资产。显然，这种分类方法较为适合于单项资产质量的衡量，但由于不同企业的资产结构、资产权重并不一致，即使知道某项资产质量的水平，也无法帮助我们科学准确地整合和预测资产质量的状况。

四、经营性资产质量和投资性资产质量

最后一种分类方法，是基于企业财务活动和资产对利润的贡献方式进行的，将资产质量分为经营性资产质量和投资性资产质量。Feltham 和 Ohlson（1995）在建立 Feltham-Ohlson 股权估值模型时将企业的活动分为经营活动和理财活动，相应地将在经营活动中所运用的资产也称为经营性资产。除经营性资产外，企业在生产经营之外对外投资活动时形成的资产即为投资性资产，投资性资产通过转让价差、利息收益、股利等为企业创造利润（张新民，2015），其价值贡献方式与经营性资产完全不同，包括交易性金融资产、可供出售金融资产、持有至到期投资以及长期股权投资等项目。这种分类方法符合国际会计准则理事会（IASB）和美国财务会计准则委员会（FASB）建议将财务报表项目按三大活动分为经营项目、投资项目和筹资项目的要求，可以分别反映主体价值创造方式（业务活动和投资活动）与筹措资金（筹资活动）方面的信息（陈琪，2011）。相应的资产质量可以反映企业不同财务活动的效率和成果。

相比前三种资产质量的分类，该种分类方法对于企业经营和发展质量的评价更有意义，在此书的研究基础上，可以做进一步的尝试性探索。

第四节 资产质量评价体系的构建

一、构建原则

资产质量评价体系的构建必须以原则为指导。借鉴财务评价的方法，总结前人研究经验，我们提出如下构建资产质量评价体系理应遵循的基本原则，以期在此原则框架下形成科学有效的资产质量评价体系。

（一）系统性原则

应明确资产质量评价体系是一个系统，由多种评价指标有机整合而成，彼此之间相互联系、相互影响而又相互制约，任何一个单项指标都无法全面又准确地衡量资产质量。无论是总体资产质量、经营性资产质量还是投资性资产质量，都是由与之对应的质量特征要素组成的，不同要素必须经过有机的整合存在于同一系统内，并非简单地相加或糅合，而是根据不同资产质量的典型特征有侧重地、科学地设定评价指标。例如总体资产质量包括所有六个质量特征，而投资性资产质量只包括三个质量特征（周转性、发展性和安全性特征在投资性资产中并不明显），以此构建一个多维的、有机的评价系统。

（二）相关性原则

相关性原则要求我们构建的资产质量评价指标必须与关键利益相关者的信息需求密切相关，具体又涉及信息的重要性、可靠性和相关性等方面，重要性即无关重要的质量信息不必加入评价体系，只有可以反映重要财务信息并且对投资者决策有积极作用的指标方可加入，发挥信息资源的效率优势；可靠性要求资产质量评价指标的来源必须是真实的、可靠的、中立的，编制的评价体系必须建立在真实的数据基础之上，数据和指标经得起复核和验证，且不偏不倚、不带有编报者主观意愿；重要性和可靠性是相关性原则得以体现的前提和保证，利益相关者在此基础上方可有效地运用本书构建的资产质量评价体系，获取信息以帮助他们做出合理的决策。

（三）可比性原则

资产质量评价体系所披露的信息应当具有可比性，包括时间上的纵向可比性和企业间的横向可比性，同时要求定性与定量的方法结合，直观地传达资产质量信息。在满足系统性和相关性原则的前提下，为实现资产质量的可比性，应尽可能使评价体系的结构形式、要素的确认方法、数据的计量属性等方面保持一致。可比性有助于通过比较发现各企业资产质量的优势和劣势，找到提高资产质量的着力点。

二、构建思路

清晰的思路与资产质量评价体系的科学性密切相关。在基本原则的指导下，我们明确了如下构建思路：①基于资产配置在行业间的差别显著，针对所有企业制定统一标准的资产质量评价体系是不科学的，因此选取具有完整供、产、销产业链，市场比重达到60%，重资产的制造业作为研究对象具有一定的代表性；②确定评价的资产范围，是针对整体资产进行评价，还是针对某些资产进行评价；③明确不同类别资产的质量特征，因为总体资产表现出的特征应该最为全面，而不同层面的资产表现出的质量特征则各有侧重；④选取适应各项资产质量特征的衡量指标，指标要兼具重要性、可靠性和代表性；⑤计算评价指数，运用合适的数理方法，对不同的指标进行赋权和整合，量化最终评价结果。详见图3.2。

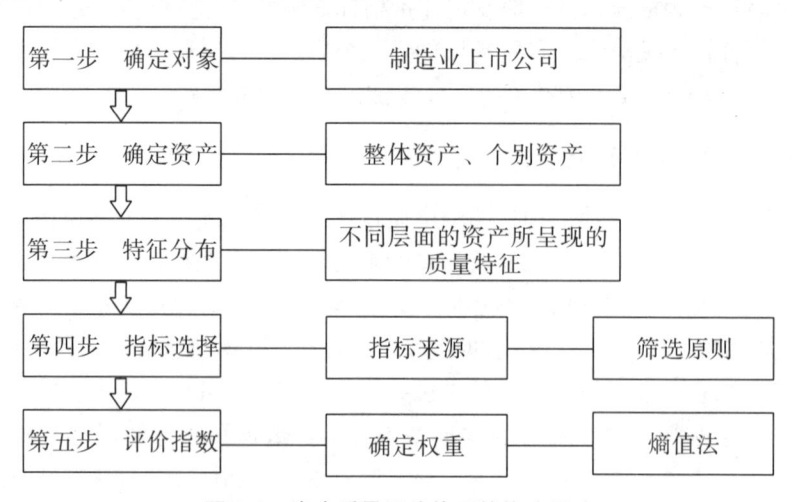

```
第一步  确定对象 ——— 制造业上市公司
           ⇩
第二步  确定资产 ——— 整体资产、个别资产
           ⇩
第三步  特征分布 ——— 不同层面的资产所呈现的
                    质量特征
           ⇩
第四步  指标选择 ——— 指标来源 ——— 筛选原则
           ⇩
第五步  评价指数 ——— 确定权重 ——— 熵值法
```

图3.2　资产质量评价体系的构建思路

三、指标选取

按照资产质量评价体系的构建思路，前文已经完成了第一、二步的工作，在此需要确定资产的质量特征并选取相应的评价指标。资产在给企业带

来经济利益的过程中应该表现出资产质量的所有重要特征,参考干胜道、张新民、钱爱民等诸多学者对资产质量评价指标选取的经验,本书构建的资产质量指标具体为以下 6 个维度 17 个指标[①]:

(1) 盈利性指标。总体资产的盈利性体现资产为企业带来全部盈利的总量,可考虑总资产和剥离负债后的净资产两个层面,用以下两个指标予以表示:

总资产报酬率=息税前利润/平均资产总额
净资产收益率=净利润/平均净资产余额

(2) 获现性指标。资产在财务活动中获得全部现金流量的能力,可以从利润转换为真实现金流量的比率和资产获取现金的数量两个维度来衡量:

息税前利润获现率=(经营活动产生的现金流量净额+投资活动
产生的现金流量净额)/息税前利润总额
总资产现金回收率=(经营活动产生的现金流量净额+投资活动
产生的现金流量净额)/平均资产总额

(3) 存在性指标。该指标旨在反映企业总资产中真正能为企业带来的资产比重,以及总资产内部不同类型资产的构成情况。前者可以参考宋献中和高志文(2001)的 K 值计算法、高雨和孟焰(2012)的虚拟资产比重等方法,将预期未来不能为企业带来经济利益的资产排除在外,以真实地衡量企业实际有效的资产;后者可以通过不同形态的资产占总资产的比重来考察资产的配置和整合是否合理。具体指标如下:

良性资产率=(期末资产总额-3 年以上应收款项-长期待摊费用
-递延所得税资产)/期末资产总额
保值率=期末资产总额/(期末资产总额+期末资产当期减值)
流动资产比率=流动资产平均余额/平均资产总额
经营性资产比率=经营性资产平均余额/平均资产总额

(4) 周转性指标。这是从具有周转效用的资产层面考察资产的运作效率,周转率越高,说明总资产在单位时间内创造的效益越多,资产质量越好,可以用各资产周转率来衡量:

存货周转率=营业成本/存货平均余额
应收账款周转率=营业收入/应收账款平均余额
流动资产周转率=营业收入/流动资产平均余额
固定资产周转率=营业收入/固定资产平均余额

---

① 考虑到后文对资产质量指数的计算,在评价体系构建时均选用与资产质量水平正向相关的指标,或将原始指标调整为正向指标。

总资产周转率＝营业收入/平均资产总额

（5）发展性指标。企业发展时的直观体现即为资产规模的扩大，对内固定资产的投资较为明显，因此我们可以用分别用固定资产增长率和总资产增长率来衡量资产质量的发展性特征：

固定资产增长率＝（固定资产本期期末值－固定资产上年期末值）
/固定资产上年期末值

总资产增长率＝（资产本期期末总额－资产上期期末值）
/资产上期期末值

（6）安全性指标。由于经营风险主要是决策人员和管理人员在经营管理中的失误导致的，并不直接由客观存在的资产产生，所以在此主要考虑用资产质量对财务风险的抵抗能力来直观地体现其安全性。通过企业的资产负债率，可以从一定程度上考察企业承担的还债压力。反之，资产多于负债的金额越大，对负债偿还的保障越多，此时安全性的资产质量则越好，可用如下正向指标量化：

流动比率＝流动资产平均余额/流动负债平均余额
总资产比率＝总资产平均余额/总负债平均余额

四、评价体系

将以上指标有机整合在一个系统中，则形成了制造业上市公司的资产质量评价体系，如表3.2所示。

表3.2　资产质量评价体系

质量特征	评价指标	计算公式
盈利性	总资产报酬率	息税前利润/平均资产总额
	净资产收益率	净利润/平均净资产余额
获现性	息税前利润获现率	经营、投资活动产生的现金流量净额/息税前利润总额
	总资产现金回收率	经营、投资活动产生的现金流量净额/平均资产总额
存在性	良性资产率	良性资产率＝（期末资产总额－3年以上应收款项－固定资产清理－长期待摊费用－递延所得税资产）/期末资产总额
	保值率	期末资产总额/（期末资产总额＋资产当期减值准备）
	流动资产比率	流动资产期末余额/期末资产总额
	经营性资产比率	经营性资产期末余额/期末资产总额

续表

质量特征	评价指标	计算公式
周转性	存货周转率	营业成本/存货平均余额
	应收账款周转率	营业收入/应收账款平均余额
	流动资产周转率	营业收入/流动资产平均余额
	固定资产周转率	营业收入/固定资产平均余额
	总资产周转率	营业收入/平均资产总额
发展性	固定资产增长率	(固定资产本期期末值－固定资产上年期末值)/固定资产上年期末值
	总资产增长率	(总资产本期期末值－总资产上年期末值)/总资产上年期末值
安全性	流动比率	流动资产平均余额/流动负债平均余额
	总资产比率	总资产平均余额/总负债平均余额

第五节 本章小结

本章通过对资产质量的概念演绎、特征总结和分类确定，形成了适用于本书的资产质量理论框架；在构建资产质量评价体系的过程中，遵循构建原则和思路，选取衡量指标，使得评价体系是较为完整和科学的。研究内容详见图 3.3。

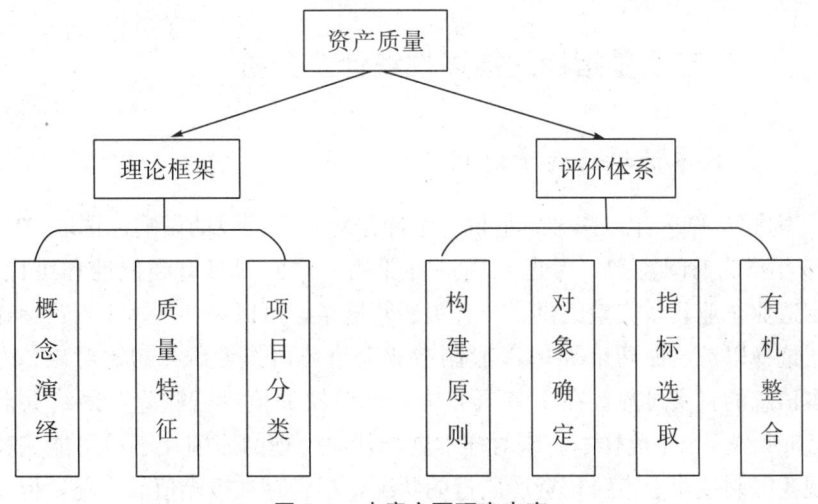

图 3.3 本章主要研究内容

第四章 制造业上市公司资产质量的现状及评价

前文已完成对资产质量评价体系的构建，在理论分析的基础上，若需要对我国制造业上市公司的资产质量进行全面而客观的了解，则必须应用实证研究的方法加以落实，这即是本章的主要研究内容。因此，本章安排如下：首先对资产质量评价体系的各指标进行描述性分析和趋势分析，观察近年来我国制造业上市公司的资产质量水平如何，存在哪些不足，时间趋势怎样等；其次，运用熵值法构建资产质量指数，对排名靠前及靠后的企业进行排名，同时探索不同质量特征对企业整体资产质量的贡献程度，试图找到企业拟提高资产运行状况的关键质量特征。

第一节 资产质量的现状

一、资产质量指标的描述性统计及分析

（一）样本选取及变量说明

考虑到 2008 年以来金融危机外生冲击对企业绩效的影响，选取 2010—2018 年作为时间窗口，考虑到同一行业的资产配置具有类似性和可比性，而制造业企业具备完整的供、产、销经营链条，可以完整地体现资产运作过程，选择以沪、深两市所有 A 股制造业上市公司作为研究初始对象，保证样本信息的真实可靠。在本节研究中，仅对缺失值进行删除，最终共获得 13475 个公司－年度样本。未对样本进行其他处理的原因在于尽可能完整地呈现我国制造业上市公司资产质量的状况，尽管存在极端值的情况，但相信

通过展示数据的分位数可以从一定程度上克服这一问题,因为在大样本分析中分位数往往更能反映数据分布的真实情况。在此之后的实证分析中,根据研究需要,会进一步对数据进行相应处理。

(二)混合样本的描述性统计及分析

根据第三章构建的资产质量评价体系,分别对各指标的平均数、标准差、最小值、25%分位数、中位数、75%分位数及最大值进行统计,据此进行描述性分析,以考察我国制造业上市公司资产质量的基本面状况。统计结果如表4.1所示。

表4.1 资产质量评价指标描述性统计

评价指标	平均值(mean)	标准差(sd)	最小值(min)	25%分位数(p25)	中位数(p50)	75%分位数(p75)	最大值(max)
总资产报酬率	0.058	0.176	−14.580	0.028	0.054	0.091	10.620
净资产收益率	0.052	0.864	−60.150	0.026	0.068	0.119	25.170
息税前利润获现率	−4.886	510.800	−59234.000	−1.493	−0.163	0.654	1473.000
总资产现金回收率	−0.028	0.148	−1.188	−0.085	−0.015	0.038	10.350
良性资产率	0.990	0.012	0.646	0.987	0.993	0.996	1.000
总资产保值率	0.997	0.040	−2.435	0.998	1.000	1.000	1.280
流动资产比率	0.573	0.172	0.014	0.454	0.583	0.701	1.000
经营性资产比率	0.949	0.088	0.047	0.941	0.981	0.997	1.000
存货周转率	43.220	3735	0.075	3.006	4.794	7.341	430757.000
应收账款周转率	28.100	870.400	0.030	2.442	3.890	7.223	91332.000
流动资产周转率	1.291	0.994	0.004	0.709	1.063	1.576	29.080
固定资产周转率	5.862	71.430	0.012	1.725	2.870	4.912	6456.000
总资产周转率	0.688	0.484	0.002	0.412	0.591	0.836	11.840
固定资产增长率	3.146	229.200	−1.000	−0.037	0.059	0.263	23385.000
总资产增长率	0.251	2.597	−0.973	0.016	0.098	0.225	251.100
流动比率	2.692	3.769	0.019	1.168	1.729	2.893	118.600
总负债资产率	3.682	3.939	0.074	1.802	2.535	4.125	117.400

注:数值保留到小数点后三位。

根据表4.1的统计结果,可以对制造业上市公司的资产质量概况有基本认识。

  首先，从资产的盈利性和获现性来看，总资产报酬率平均值为0.058，说明每1元资产平均可为企业带来0.058元的息税前利润，最恶劣的情况下每1元资产创造的收益为－14.580元，最好的情况下每1元资产创造的收益为10.620元，排除极端值的情况，可以发现大部分企业的资产报酬率集中在0.028至0.091之间，即大部分资产创造的账面息税前利润均为正数。净资产收益率的平均值为0.052，说明每1元净资产平均可以创造0.052元的净利润，净资产收益率的分布更为分散，最小值和最大值分别为－60.150和25.170，其余样本集中在0.026至0.119之间，略高于总资产报酬率，这与净资产本身比总资产绝对值小有关。在获取利润的基础上，更为有说服力的指标在于企业实实在在创造的现金流入，因为现金如同企业运营的血液，因此获现能力的分析必不可少。息税前利润获现率均值为－4.886，且标准差高至510.800，说明不同企业在存在利润的前提下，获得现金的能力差异很大；中位数为－0.163，由于对于大部分上市公司而言，保持上市的条件之一是避免发生亏损，所以大多数情况下企业净利润为正，这说明一半以上的企业获得的净现金流入为负值，由此可以推断，企业创造的利润中有多少真正地创造了现金流入是一个值得怀疑的问题。总资产获现率的情况具有类似特征，均值和中位数均为负数，分别为－0.028和－0.015，说明每1元资产通过经营活动和投资活动并未给企业带来净现金流入。由此可知，我国制造业上市公司的获现能力仍然有较大的改善空间。

  其次，考察企业资产质量的存在性特征。其主要是整体资产中的不良资产、减值准备、流动资产和经营资产的构成。良性资产率的均值为0.990，说明在总体资产中，有1%的资产为不良资产，这部分资产不能为企业带来未来经济利益，应予以剔除；尽管不良资产最多占到总资产的近35%（1.000－0.646），但从25%、50%和75%的分位数分布来看，大多数企业将不良资产控制在1.5%以内。总资产保值率均值为0.997，表明资产发生减值的比重仅为0.3%，中位数和75%分位数均为1.000，说明就整体资产而言，一半以上的企业实现了资产的保值。该指标的标准差仅为0.004，也说明不同企业的资产减值情况差别较小。流动资产占总资产的比率平均为0.573，表明整体上资产的流动性维持在中等水平，流动资产略高于非流动资产，该指标最小为0.014，最大为1.000，说明有的企业流动资产仍然太少，而有的企业资产完全由非流动资产构成，这可能与企业的经营性质和业务类型有关。经营性资产比重均为94.9%，中位数达到98.1%，证明经营性资产是资产的主要组成部分，而投资性资产较少，因为制造业企业仍应以经营业务为主，对外投资为辅。

再次，通过各类资产的周转率对资产的运行效率进行考察。存货周转率和应收账款周转率的均值和中位数相差较大，标准差也较大，说明这两种资产的周转率在不同企业中差异很大，在此情况下，应排除极端值，主要考察指标的分位数值。存货周转率分布在 3.006 至 7.341 之间，说明一年内单位存货周转次数为 3.006~7.341 次。应收账款分布在 2.442 至 7.223 之间，说明一年内单位应收账款周转次数为 2.442~7.223 次。流动资产周转率均值为 1.291，意味着单位流动资产每年仅可周转 1.291 次，中位数为 1.063，与均值差异不大。固定资产周转率的均值和中位数分别为 5.862 和 2.870，结合标准差较大的情况，均值受到极端值的影响明显，可以发现整体上企业每一单位固定资产的周转次数分布在 1.725 至 4.912 次之间。总资产周转率的统计结果意味着大部分企业每一单位资产周转次数仅为 0.412 至 0.836 次，周转不足 1 次。总之，通过周转率的分析，可以认为我国制造业上市公司资产被利用的效率整体上不高，有待提升的空间较大。

最后，还可以通过资产观察企业的发展性和财务安全性的状况。固定资产增长率的标准差较大，均值受极端值影响，所以考察其分位数更有实际意义，约有 25% 的企业固定资产增长率为负，小于 -3.7%，其余部分的企业固定资产均实现了不同程度的正增长，集中在 5.9% 至 26.3% 之间。对于总资产增长率，大部分企业实现了不同程度的扩张，其中一半以上的企业增长率超过了 9.8%。通过流动比率和总负债资产率，可以发现无论是流动资产还是总资产，平均分别是企业的流动负债和总负债的 2.692 倍和 3.682 倍，超过了国际上 2 倍的适度标准，说明大多数情况下资产对负债有一定的保障程度，整体上财务风险维持在合理范围内。

通过以上分析，初步认为企业资产的获现能力和周转能力状况不佳，改善空间较大，而其他质量特征在后文中还需要结合企业的具体情形进一步进行研究。

二、资产质量的趋势分析

在对资产质量进行了基本面上的描述性统计和分析之后，另一个问题接踵而至，即近些年来我国制造业上市公司的资产质量究竟发生了怎样的变化，是改善还是恶化呢？基于此，本节将对不同类型资产质量的评价指标进行分年度的统计，并依据不同的质量特征分类做出趋势图，以更为直观地展示资产质量各质量特征的发展趋势。

资产质量涉及的评价指标统计结果如表 4.2 所示，考虑到前文分析中发现的均值受极端值影响严重的因素,在大样本里中位数更具有统计意义,表中展示的是各指标在各年度的中位数。按质量特征分类做出的变化趋势如图4.1至4.6所示。

可以发现,在盈利性质量特征方面,从2010年至2018年,总资产报酬率和净资产收益率整体上呈倒"U"形,即自2010年至2015年持续下降至最低点,之后便有所回升,总资产报酬率在0.070至0.040之间波动,而净资产收益率在0.095至0.050之间波动,净资产收益率持续高于总资产报酬率。在获现性指标方面,总资产获现率基本稳定,维持在-0.500以内,细心观察,实际上该指标是略微有所改善的,2011年为最低值-0.051,缓慢增长至2018年的-0.001,说明总体资产经过投资活动和经营活动带来的现金流入有望变为正数。息税前利润获现率则是波动增长的,从2010年的-0.144骤然降至2011年的-0.725,随之逐步波动上升到2018年的0.066。由于该指标涉及利润,而企业存在盈余管理的动机,所以这一指标表现极不稳定。相比较,8年中较为稳定的指标即是存在性指标了。良性资产率一直保持在0.990以上;而资产保值率到2014年之后,也保持在1.000的水平。经营性资产所占比重略有下降,自2010年的0.984下降至2017年的0.974。这种趋势与我国金融市场活跃,部分企业积极参与金融和投资活动中的现象基本一致。流动资产比率整体上经历了先下降后回升的趋势,但比率基本保持在0.550至0.630之间,变动幅度不大。

与前述指标不同的是,资产质量的周转性特征在2010年至2018年中并不是太好。存货周转率、流动资产周转率、固定资产周转率和总资产周转率均有不同程度的下降,最为突出的是应收账款周转率,从2010年持续下降,降幅接近40%。可见,企业资产的周转性近年来呈现逐渐恶化的趋势,这与前文混合样本的分析结果相符,企业应采取措施关注和提高资产的被利用效率,减少闲置资产、积压存货和商业坏账等。类似地,资产的发展性指标整体上也呈波动下降趋势。固定资产增长率从2010年的10%下降至2018年的4%,降幅超过50%。总资产增长率从2010年的14.5%下降至2018年的7.5%,降幅接近一半。这说明我国制造业企业的资产规模增长速度是放缓的,表现出后劲不足的迹象。

另外,资产质量的安全性特征呈现变好的趋势,流动比率和总资产比率均实现了持续地增长。流动比率从2010年的1.389提高至2018年的1.808,总资产在2010年只是总负债的2.10倍,到2018年则提高到2.65倍了,意味着企业的风险意识加强,注重降低账务风险,宏观上也与近年来我国政府"去杠杆"的政策导向相吻合。

第四章 制造业上市公司资产质量的现状及评价

表 4.2 综合资产质量评价指标的时间变化趋势

年份	2010	2011	2012	2013	2014	2015	2016	2017	2018
总资产报酬率	0.067	0.064	0.053	0.051	0.050	0.047	0.050	0.058	0.055
净资产收益率	0.094	0.079	0.061	0.061	0.060	0.057	0.064	0.072	0.069
息税前利润获现率	−0.144	−0.725	−0.300	−0.242	−0.132	−0.066	−0.119	−0.182	0.066
总资产现金回收率	−0.014	−0.051	−0.025	−0.023	−0.013	−0.010	−0.009	−0.016	−0.001
良性资产率	0.995	0.995	0.994	0.994	0.993	0.992	0.992	0.992	0.991
总资产保值率	0.997	0.997	0.997	0.996	1.000	1.000	1.000	1.000	1.000
流动资产比率	0.584	0.621	0.601	0.588	0.575	0.554	0.565	0.580	0.586
经营性资产比率	0.984	0.988	0.988	0.987	0.984	0.980	0.977	0.974	0.977
存货周转率	5.225	4.860	4.606	4.680	4.667	4.599	4.713	4.925	4.998
应收账款周转率	5.758	4.973	4.305	4.011	3.726	3.442	3.470	3.608	3.598
流动资产周转率	1.396	1.177	1.058	1.086	1.094	1.014	0.973	1.009	1.046
固定资产周转率	3.060	3.439	3.002	2.855	2.683	2.484	2.592	2.967	3.113
总资产周转率	0.723	0.679	0.610	0.606	0.588	0.553	0.529	0.563	0.582
固定资产增长率	0.061	0.104	0.110	0.096	0.071	0.053	0.035	0.032	0.040
总资产增长率	0.145	0.115	0.085	0.094	0.097	0.095	0.102	0.109	0.075
流动比率	1.389	1.663	1.785	1.758	1.706	1.687	1.784	1.826	1.808
总负债资产率	2.100	2.407	2.505	2.537	2.501	2.546	2.643	2.682	2.646

注：数值保留到小数点后三位。

063

图 4.1　盈利性指标时间趋势

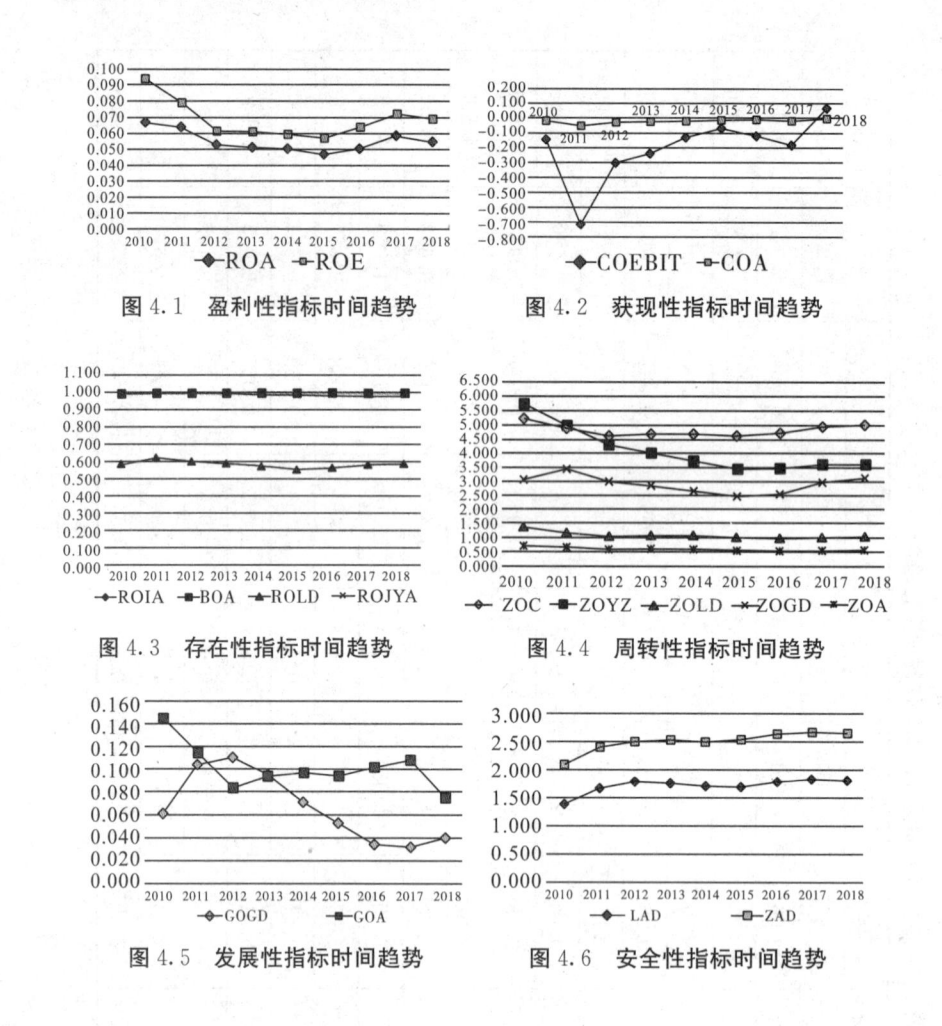

图 4.2　获现性指标时间趋势

图 4.3　存在性指标时间趋势

图 4.4　周转性指标时间趋势

图 4.5　发展性指标时间趋势

图 4.6　安全性指标时间趋势

第二节　资产质量的评价——基于熵值法的指数构建

一、熵值法的引入

计算综合评价指数的方法有主观赋权法和客观赋权法。前者常见的有层次分析法（AHP）和德尔菲法（Delphi）。这些方法凭主观经验即可赋权，或者根据部分模糊定性信息进行主观判断。其优点是缺乏样本或定量指标的情况下依然可行；缺点是完全依赖主观判断，降低了可信度。相对应的客观赋权法，即熵值法和因子（主成分）分析法，是依据原始数据之间的相关关系或信息含量来确定各指标权重，相对客观，弥补了主观赋权导致的可靠性不高的缺点。然而因子（主成分）分析法对数据间的相关性要求较高，若相关性达不到要求则会损失过多的信息，与本书的数据特征偶有不符①。因此，笔者认为在评价资产质量时，为保证原始数据信息的完整性和可靠性，熵值法不失为一种较为理想和适中的方法（Zou&Li，2006；田丰，2014；张云华等，2019）。

熵值法来源于热力学的物理专用名词——"熵"，其英文为 entropy，是德国物理学家克劳修斯1850年创造的概念。"熵"表示一种能量在空间中分布的均匀程度，是对体系混乱度的一种度量。应用在信息系统论中，熵值越小，系统混乱度越大，所携带的信息则越多；反之，熵值越大，系统离散程度越小，所携带的信息则越少。因此，根据熵的特性，可以通过计算熵值来衡量某一指标的重要性，若熵值越小，说明信息的随机性、无序性和离散程度越高，那么该指标的信息含量就多，在综合评价中所占的权重越大。所以，某个信息的熵值应是与其重要性呈反比的。其演化逻辑如表 4.3 所示：

表 4.3 熵值法的演化逻辑

	数值	离散程度	信息含量	权重
熵	小	高	多	大
熵	大	低	少	小

二、熵值法的计算步骤

熵值法的具体计算步骤如式（4-1）至（4-8）所示。

第一步，基于资产质量评价指标的各原始数据构建原始数据矩阵：

$$\boldsymbol{X} = (x_{ij})_{m,n} \tag{4-1}$$

其中，x_{ij} 为第 i 个公司的第 j 项资产质量评价指标，n 表示资产质量评价指标个数，m 表示样本公司的数量。

第二步，对样本数据进行标准化处理，这是因为评价资产质量的各个指标的量纲、数量级均有差异，标准化可以消除因量纲不同对评价结果的影响，具体操作如下：

对于正向指标：

---

① 本书对样本数据进行过巴特利特球形检验，其 P 值没有通过显著性检验，接受了各指标间不存在多重共线性的原假设，不符合因子（主成分）分析法的数据要求。

$$x'_{ij} = \frac{x_{ij} - x_{\min}}{x_{\max} - x_{\min}} \quad (4-2)$$

对于负向指标：

$$x'_{ij} = \frac{x_{\max} - x_{ij}}{x_{\max} - x_{\min}} \quad (4-3)$$

其中，x_{ij} 为第 i 个公司的第 j 项资产质量评价指标，$x_{\max}$ 为第 j 项指标的最大值，$x_{\min}$ 为第 j 项指标的最小值，x'_{ij} 为标准化处理后的值。

第三步，计算各指标所占的比重：

$$y_{ij} = \frac{x'_{ij}}{\sum_{i=1}^{m} x'_{ij}} (0 \leqslant y_{ij} \leqslant 1) \quad (4-4)$$

其中，y_{ij} 表示第 i 个公司第 j 项资产质量评价指标在所有样本中所占的比重。

第四步，计算资产质量各评价指标的信息熵值及信息效用值：

$$e_j = -K \sum_{i=1}^{m} y_{ij} \ln y_{ij} (K = \frac{1}{\ln m}) \quad (4-5)$$

信息效用价值等于指标的信息熵值与 1 之间的差异，即

$$d_j = 1 - e_j \quad (4-6)$$

其中，e_j 表示第 j 项资产质量评价指标的信息熵值，d_j 表示第 j 项资产质量评价指标的信息效应价值。

第五步，在获得信息效用价值的基础上，进一步计算各评价指标的权重。信息效用值越高，权重也越高；反之，权重则越低。具体公式如下：

$$w_j = \frac{d_j}{\sum_{j=1}^{n} d_j} \quad (4-7)$$

其中，w_j 表示第 j 项资产质量评价指标占所有评价指标的权重。

最后，通过以上五步计算得出的权重，再结合各个指标的原始数值，则可以利用加权平均求和法对总体资产质量进行打分：

$$Score_i = \sum_{j=1}^{n} y_{ij} w_j \times 100 \quad (4-8)$$

其中 $Score_i$ 表示运用熵值法计算得到的第 i 个公司的资产质量评分。

三、数据及计算结果

在对资产质量评价体系的各个指标进行基本面分析时，发现较多指标的

标准差较大，数据形态受极端值影响严重，为缓解这种负面影响，笔者首先对各变量进行上下1%的缩尾，再依据熵值法的计算步骤，计算资产质量的评价指数。

（一）资产质量指数的计算结果

表4.4是根据熵值法计算的资产质量评价指数，指数由盈利性指数、获现性指数、存在性指数、周转性指数、发展性指数及安全性指数构成，可以衡量整体资产的质量状况。分项指数可以考察资产在不同质量特征上的表现水平。

表4.4 资产质量指数的统计结果

项目	平均值(mean)	标准差(sd)	最小值(min)	25%分位数(p25)	中位数(p50)	75%分位数(p75)	最大值(max)
综合指数	17.500	6.940	4.410	13.000	15.900	19.700	75.600
盈利性指数	0.935	0.201	0.000	0.850	0.927	1.030	1.550
获现性指数	1.150	0.284	0.000	1.000	1.180	1.320	1.990
存在性指数	3.160	0.654	0.813	2.720	3.210	3.650	4.590
周转性指数	7.120	5.850	0.001	3.720	5.630	8.380	57.400
发展性指数	1.740	1.230	0.000	1.150	1.420	1.880	11.100
安全性指数	3.360	3.870	0.000	1.110	2.040	3.960	23.400

注：数值保留到小数点后三位。

考察各项指数的混合样本统计结果，综合指数的均值为17.500，最小值为4.410，最大值为75.600，从分位数分布来看，该指数呈现右偏，即75%以上的样本资产质量得分不超过19.700。盈利性指数的数值较小，均值仅为0.935，最大值仅为1.550。获现性指数略高于盈利性指数，分布形态类似。存在性指数均值为3.160，最小值和最大值分别为0.813和4.590。周转性指数的得分最高，均值为7.120，最大值为57.400，75%分位数仅为8.384，说明大部分该指标较低。发展性指数和安全性指数的得分处于中间水平。

进一步地，我们将资产质量指数分年度进行了均值统计，以期考察近年来资产质量的变化情况，结果如表4.5和图4.7所示。综合指数在2011年达到最高值19.090，之后持续降低至2015年的16.380，在2017和2018年略有回升至17.210，整体上，资产质量呈现下降的趋势。周转性指数是从2010年的8.761持续降至2015年的6.374，随之略有回升至2018年的7.086，但整体上仍是下降趋势。安全性指数2018年为3.264，较2010的

2.602有所上升,这是所有指数中唯一整体上有增长趋势的质量特征。其余指数的变化幅度较小,基本处于稳定状态。综上,我国制造业上市公司的资产质量发展状况并不理想,总体而言呈现出恶化的趋势。

表4.5 资产质量指数的时间变化趋势

年份	2010	2011	2012	2013	2014	2015	2016	2017	2018
综合指数	18.520	19.090	18.300	17.830	17.150	16.380	16.690	17.210	17.210
盈利性指数	0.987	0.961	0.930	0.927	0.929	0.908	0.927	0.956	0.918
获现性指数	1.162	1.062	1.134	1.125	1.161	1.158	1.150	1.138	1.193
存在性指数	3.163	3.277	3.215	3.157	3.161	3.105	3.127	3.158	3.158
周转性指数	8.761	8.158	7.281	7.138	6.898	6.374	6.456	6.997	7.086
发展性指数	1.841	1.855	1.760	1.766	1.745	1.789	1.777	1.682	1.592
安全性指数	2.602	3.774	3.985	3.720	3.257	3.045	3.254	3.279	3.264

注:数值保留到小数点后三位。

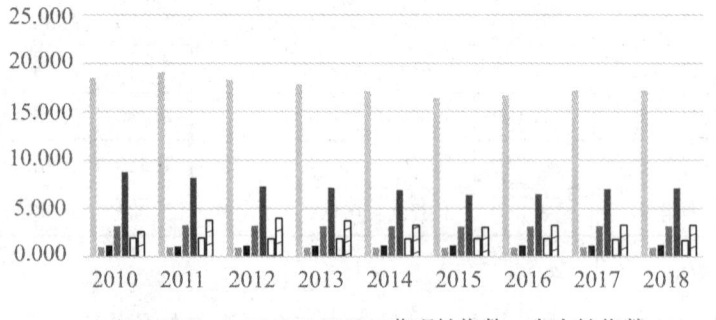

图4.7 综合资产质量指数时间变化趋势

(二)制造业上市公司的资产质量排名情况

依据前文计算出的资产质量指数,笔者将各家公司的资产质量指数进行排序①,分别统计出排名前10名和后10名的公司,并详细列出了各项质量特征指数的排名情况,以期更为直观地探索和对比企业资产质量的优劣状况,详见表4.6和表4.7。首先,表4.6中是资产质量指数排名前10位的公司,这些公司的周转性排名均保持在前25位,说明其资产被利用的程度

---

① 因在2010—2918年间,资本市场中有公司存在更换交替,所以统计出的公司共有2196家;排序依据为每家公司的年平均资产质量指数。

和效率较其他公司具有绝对优势。其次，是获现性质量指数表现较好，共有8家公司的该指标位列前50%（2196×50%＝1098名），其中7家公司位列前500名。有相似情况的是盈利性指数，共有7家公司的该指标高于行业平均水平，其中4家排名前500名，这意味着资产创造现金流入和利润的能力在这些资产质量最好的公司中仍然可以得到充分的体现。排名情况次之的是安全性指数，有5家公司进入了该指标的前50%。发展性和存在性指数的状况最为不佳，分别只有3家和2家公司进入了前50%的排名。这说明这三项质量特征在优质资产质量的公司中贡献度有限。

表4.6 资产质量指数前10名公司

公司名称	综合排名	盈利性排名	获现性排名	存在性排名	周转性排名	发展性排名	安全性排名	是否ST[①]
岳阳兴长	1	1004	1179	969	2	1891	211	否
华统股份	2	545	988	2067	1	1098	1146	否
双汇发展	3	15	27	1673	3	717	1115	否
大庆华科	4	1764	211	2134	4	1978	505	否
好莱客	5	56	1864	1183	8	758	613	否
新希望	6	218	491	2182	5	714	1617	否
老凤祥	7	73	219	59	7	1443	1713	否
惠泉啤酒	8	1917	225	1500	25	2138	76	否
茂化实华	9	640	260	1295	18	1797	225	否
正虹科技	10	1673	313	1837	6	2130	1455	否

表4.7 资产质量指数后10名公司

公司名称	综合排名	盈利性排名	获现性排名	存在性排名	周转性排名	发展性排名	安全性排名	是否ST
亚泰集团	2187	1620	1011	1634	2135	1794	2087	否
兰石重装	2188	2048	2031	510	2179	1435	2013	否
应流股份	2189	1586	943	1652	2172	1194	2005	否
美利云	2190	2164	1417	2135	2016	2019	1858	是
（退市）吉恩	2191	2172	1730	2013	2106	650	2162	是
天津磁卡	2192	2121	443	2019	2032	2181	2187	是

① 该指标的判断标准是某一公司在上市期间现在或曾经是否被ST处理过，即只要被ST处理过则为ST，否则非ST。表4.7至表4.9标准一致。

续表

公司名称	综合排名	盈利性排名	获现性排名	存在性排名	周转性排名	发展性排名	安全性排名	是否ST
*ST 二重	2193	2193	1945	1173	2176	1919	2100	是
ST 中基	2194	2181	963	1715	2156	2189	2145	是
华东数控	2195	2179	1145	1839	2193	2058	1984	是
ST 明科	2196	2117	462	2170	2196	2187	2024	是

与之形成对比的是资产质量指数排名最后10名的公司。各项质量特征的指数排名情况均靠后，盈利性、获现性、存在性、周转性、发展性和安全性指数分别有8家、1家、4家、10家、5家和8家公司排名在2000名以后。这表明最为重要的考察特征依然是资产的周转性，其次是安全性和盈利性，之后依次是发展性、存在性和获现性。对于资产质量较差的公司，资产的安全性特征重要性显现，应受到关注。值得注意的是，笔者对这些公司还进行了是否被ST处理的甄别，如预期所至，前10名公司中无一公司现在或曾经被ST处理过，而后十名公司中有7家公司现在或曾经都被ST处理过，占比达到70%。这一结果从另一角度初步验证了本书所构建的资产质量评价体系是有效的。综上，资产质量最重要的质量特征应为周转性特征。

（三）资产质量指数的有效性检验

被ST处理的公司通常是由于公司治理出现严重的问题而导致了财务危机，其资产质量水平很可能较低（姜秀华和孙铮，2001），因而，还可以通过对ST公司的排名统计（表4.8）、ST与非ST公司资产质量水平差异对比（表4.9）来检验以上资产质量指数的有效性，为后文实证研究做准备。

表4.8 ST与非ST公司的排名分布情况

排名	1~438	439~877	878~1317	1318~1756	1757~2196
区间	(0%~20%)	(20%~40%)	(40%~60%)	(60%~80%)	(80%~100%)
非ST公司	419	419	405	388	354
ST公司	19	20	35	51	86

据表4.8的结果显示，共计有211家ST公司，占全部样本公司的9.6%，与证券市场上的ST公司比例基本相符。从排名分布情况来看，非ST公司的数量与名次呈反相关，而ST公司的数量与名次呈正相关，排名越靠后，ST公司越多，非ST公司越少，说明ST公司的资产质量确实有低

水平的倾向。另外，在表 4.9 中，无论是均值检验的 T 值，还是中位数检验的 Z 值，都通过了 1% 的显著性检验，说明 ST 公司的资产质量水平的确低于非 ST 公司的资产质量水平。综上，认为运用熵值法计算的资产质量指数是有效、可靠的。

表 4.9 ST 与非 ST 公司的差异检验

样本	非 ST	ST	差异	T 值/Z 值
检验方式	均值检验（T−test）			
资产质量指数	17.523	15.271	−2.252	6.223***
检验方式	中位数检验（秩和检验）			
资产质量指数	15.968	12.992	−2.976	10.088***

注：***、**、* 分别表示在 1%、5%、10% 水平上统计显著。

第三节 本章小结

本章在前文构建资产质量评价体系的基础上，对我国制造业上市公司的资产质量现状进行了分析和评价。

首先，通过对混合样本的描述性统计，本书认为就整体资产层面而言，资产质量的现状并不理想，其中获现能力和周转能力较差，存在性和安全性的状况相对稳定。进一步对各指标进行分年度统计，以期了解资产质量的时间变化趋势。结果显示，除安全性有所上升，存在性保持稳定之外，盈利性、获现性、周转性和发展性等指标均有不同程度和形式的下降。

其次，采用熵值法将资产质量的各评价指标有机整合，并计算出各层面资产质量的评价指数。在对各指数进行统计分析后，仍然发现我国制造业上市公司在 2010—2018 年期间的整体资产质量状况呈现恶化的趋势，评价指数的变化与前文指标分析的结果基本一致。通过对公司排名情况的分析，发现周转性质量特征是提升资产质量的关键项目。此外，还将公司被 ST 处理的事件与资产质量的情况进行匹配，发现 ST 公司的资产质量显著低于非 ST 公司，排名最后 10 名的公司中有 7 家是 ST 公司，且排名越落后的企业中，ST 公司的数量越多。以上分析从另一视角验证了本书所构建的资产质量评价指数是有效的。资产质量的现状与变化趋势，与国内外宏观经济形势紧张，微观企业经营环境恶劣，政府"去杠杆"的政策导向，以及实体企业金融化现象等均存在一定的耦合度。

第五章 制造业上市公司资产质量具有信息含量吗？

根据"决策有用观"，财务报告的主要目标是向信息使用者或利益相关者提供有用的信息，帮助投资者的作出理性决策。资产作为会计六大要素之首，不仅说明它是企业未来经济利益的核心资源，也体现着它是呈现企业财务活动及成果的重要渠道，因此，了解资产信息对于投资者合理预期企业发展并做出相应决策格外重要。在资本市场上，投资者的决策行为又会影响上市公司的股票价格或市场价值，可见，资产的信息含量通过一系列连锁反应由市场变化方向和程度决定。那么，接踵而来的问题是，什么样的资产信息是重要的呢？这些信息又是否可以有效地被市场识别，为投资者所用呢？

以往关于资产信息含量的文献相对有限，主要从资产或净资产的整体账面价值（Collins & Xie，1999；Francis & Schipper，1999；陈丽花等，2009；等等）、资产的流动性（Amihud等，1986 & 2002；Gopalan等，2012；Ze-To & Man，2016；等等）、资产减值（Francis等，1996；步丹璐和叶建明，2009；等等）或者某项具体资产（罗进辉等，2012；杨文君和陆正飞，2018；等等）等不同角度着手，得到了资产信息的市场价值或者股票回报率相关性的重要结论，这对于引领信息使用者从资产层面判断企业的投资价值起到了一定的促进作用。此外，资产减值、资产流动性等事实上都是资产质量的重要体现方面，也预示着资产质量很可能也会具有类似的信息含量。

笔者认为，涉及资产具体存在和运行状况的质量指标体系可以更为综合和客观地从本质上反映企业的运营状况，其是否能为投资者提供增量信息至关重要。然而，基于资产质量角度进行信息含量检验的研究却较少，多数止步于评价，这便为本章的研究提供了空间。

本章的后续安排如下：第一部分是文献整理、理论分析和假设提出；第二部分是研究设计；第三部分是实证结果与分析，包括描述性统计和相关性检验、基本回归分析；第四部分是稳健性检验，包括内生性测试、变换模型和替换主要变量等方法；第五部分是针对资产质量高低水平的扩展性研究；最后对本章研究内容和结论进行小结。

第一节 理论分析与假设提出

一、资产质量的信息含量分析

根据资本市场的股票定价规律，如图 5.1 所示，现金流和风险是决定股票价格的两种重要信息来源。在市场均衡状态下，企业的市场价值等于其内在价值，如果股票市场是有效的，市场价值与内在价值之间的差别不应该很大，而且不应该持续很长时间。市场价格由投资者感知的"现金流"和"风险"决定，而内在价值由企业真实的"现金流"与"风险"决定，两者能否实现均衡，关键在于投资者感知与企业客观情况之间的差异度，即企业真实信息能够向投资者传递的含量水平。资产是企业真实"现金流"的来源。张志宏和孙青（2016）的研究证明资产质量可以提高盈余的持续性和可靠性，对企业价值具有正向的传导作用。甘丽凝和张鸣（2009）通过实证检验资产质量、债务融资与企业价值的关系，也发现资产质量才是真正体现企业价值的本源所在。唐国平等（2015）以实物期权为切入点，认为资产质量高低会对企业价值产生异质性影响，资产质量高的公司，企业价值体现创造价值的功能；反之，企业价值则体现出清算置换作用。可见，资产质量可以反映企业驾驭和管理其内部资源以及利用外部资源的能力（张新民和朱爽，2007），从而更大程度地反映企业的真实价值。如通过资产周转率了解企业的资产管理水平、流动资产的获利速度，通过存在性特征了解资产的配置效率、战略规划以及整合效率，通过资产对负债的覆盖程度了解企业面临的财务风险，通过资产增长率了解企业的发展趋势，最终使投资者对企业形成除盈利结果之外更为深入和客观的认知，缩小"感知"与"实际"的差别，做出合理投资决策，向市场提供合理反映企业内在价值的有效信息。

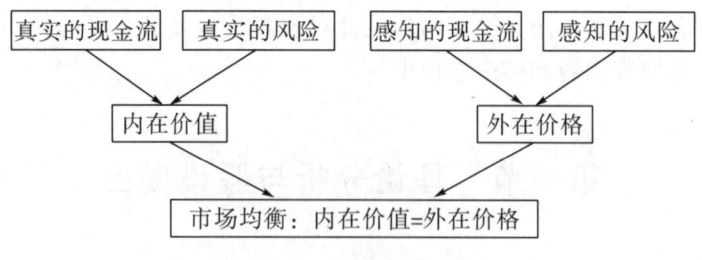

```
真实的现金流   真实的风险        感知的现金流   感知的风险
         ↓        ↓                    ↓        ↓
          内在价值                        外在价格
              ↓                            ↓
              市场均衡：内在价值=外在价格
```

图 5.1　股票定价规律

在现行资产负债观的会计制度下，资产负债的计量和披露有助于会计信息质量的提高，即与资产和负债相关的会计信息应该能够为市场提供有效信息。首先，资产和净资产的账面价值被证实了在股价估计中发挥着比盈余信息更为重要的作用，且这种作用更为持久（Collins&Xie，1999；Francis&Schipper，1999）。陈信元等（2002）和陈丽花（2009）以我国企业和市场为研究主体也得到了类似的结论。其次，资产流动性无论从股票收益率还是股票流动性上，均能产生积极的市场反应（Kluger&Stephan，1997；Charoenwong 等，2014；等等），说明在某些国外市场上资产的流动性具有信息含量。再次，排除盈余管理的影响，在国内外市场上，资产的减值计提均被证明与市场反应是负相关的（Francis 等，1996；Bartov 等，1998；李姝和黄雯，2011；等等）。另外，在国内，杨硕和周煜皓（2017）研究得出资产结构中专用性资产的配置是企业股票价值的重要积极信号的结论，杨文君和陆正飞（2018）发现无形资产中知识产权以及研发投入的披露能显著提升公司股价。综上，资产可以从各个层面向市场和投资者释放有价值的增量信息，形成相应的市场反应。但是，由于市场机制的复杂性和影响因素的多重性，仅从单一方面考察资产的信息含量未必充分，那么，建立在综合评价资产盈利能力、获现能力、存在状况、周转速度、发展趋势和财务风险之上的资产质量指标体系便能够突破披露的单纯数字，深入地整合资产信息，释放更为客观的资产信号，从而被市场有效地识别。由此，提出本章的主要假设：

H5-1：资产质量具有信息含量，即资产质量越好，其市场反应越积极。

盈利性的资产质量可以体现单位时间内资产创造的价值总量；获现性资产质量衡量资产创造的收益中实实在在的现金比例，现金流是一个企业持续经营的"血液"；存在性资产质量表明企业资产的保值程度以及资产有机整合的合理性；周转性资产质量反映资产带来经济利益的速度，速度越快，一段时间内创造的收益也越多；发展性资产质量越好，意味着企业规模实现了扩张，发展趋势良好；安全性资产质量可以把企业的财务风险控制在一定的范围内，避免资不抵债、财务困境等不良后果发生。以上质量特征都是考察资产运行效率和成果的重要方面，不可或缺。所以，不同特征的资产质量同样可以从某一方面向投资者释放资产状况的信号，帮助投资者判断企业经营情况和未来发展趋势，做出投资决策，从而引起相应的市场反应，据此提出如下假设：

H5-2：分项资产质量特征均具有信息含量，即盈利性、获现性、存在性、周转性、发展性和安全性越好，其市场反应越积极。

二、不同资产质量特征的信息含量比较

资产质量对企业内部经营管理和外部资本市场资源配置的影响日益凸显，因此，在整体资产质量具有市场反应的前提下，进一步细化资产质量，分项发掘不同资产质量特征的信息含量，是加强资产质量市场识别机制的重要路径，因为它可以帮助市场快速有效地识别明细信息的差异化，优化信息筛选机制，提高资源配置效率等。

学术文献中信息含量的识别，尤其是价值相关性检验通常是相关性与可靠性的联合检验（Barth等，2001）。也就是说，信息是否有效主要取决于会计信息相关性和可靠性的权衡。自1968年Ball和Brown首创性地证实了企业盈余数字与股票收益率的相关性之后，学术界展开了对会计信息相关性的大量研究，但从可靠性视角来衡量会计信息的价值贡献度的文献较为匮乏。依据Libby等（2006）的研究，一个财务事项属于表内确认还是表外披露，其相关性和可靠性存在差别，披露的数字具有相关性，但其可靠性可能不足，与披露的信息相比，市场对确认的信息反应更为强烈。依照如此思路，我们可以对不同的资产质量特征进行信息相关性与可靠性的判断。投资者根据盈余数字进行直观判断企业未来盈利能力和成长性的方法较为普遍，因此涉及盈余的财务信息一般具有较高的相关性，但迫于上市要求、外部监管、内部代理问题等原因，企业进行盈余管理的动机较强，从而造成盈余数字的可靠性较低。相较之下，基于收付实现制形成的现金流方面的信息更为可靠（冯跃霞，2012）。另外，从表内外财务信息的获得渠道来看，呈现于表内的确认数字可能给投资者更为直观的感受，投资者对其敏感性较高，依据表内信息做出决策的可能性便更大；反之，表外信息，文字与数字交融，且没有统一格式，获取信息的成本高，容易被投资者忽视。但实际上这些披露信息更具内涵，例如，企业的资产减值信息，金融资产构成、应收账款账

龄、供应商与顾客集中度等都可以更为细致和客观地描述企业实际经营状况，其可靠性高而相关性低。张国清和赵景文（2008）认为，不可靠的信息可能导致更高的成本，所以在会计信息质量方面，可靠性应优先于相关性，也从某种程度上说明市场对可靠性较高的信息识别度可能不足。

资产质量涉及的特征广泛，其指标来源和计算方式均存在差别，因此其相关性和可靠性、获得信息的难易程度也会有所不同。基于信息的相关性和可靠性会导致不同的市场反应。我们认为，盈利性指标对盈余数据的依赖过多，尽管可靠性较低，但其因市场相关性高可能信息含量更多；获现性、发展性、安全性等指标均来源于表内项目，容易计量，信息含量次之；存在性、周转性的评价涉及跨报表分析，且多数信息来源于财务报表附注，虽可靠性高但相关性较低，信息含量最少。综上，提出本章的进一步假设：

H5-3：不同资产质量特征的信息含量存在异质性。

第二节　研究设计

一、数据与变量说明

本章对样本的处理与第四章基本一致，但由于研究问题导致的变量选择差异，剔除 ST 样本和变量缺失后，最终的样本数量有所不同。

（一）被解释变量

因为资产质量并非偶然事件的发生，而是体现在企业日常财务活动中的财务信息，贯穿于企业经营的长期流程中，所以，它的信息相关性并不一定局限于年报公布日这一狭小窗口，应该如盈余信息一般持续到整个会计期间（王跃堂等，2001）。基于此，本书参考 Easton 和 Harris（1992）的研究，采用关联研究法，以年为时间窗口，对企业资产质量水平与股票累计超额收益率之间的关系进行实证研究，检验资产质量是否有信息含量的主要假设。

公司当年的股票累计超额收益率（RET）：该公司当期股票收益率超过市场平均收益率的部分。本书参考洪剑峭和方军雄（2009）、唐松等（2017）的做法，采取 Buy-and-Hold Return 计算方法，以年度为考察时间窗口，用式（5-1）来计算：

$$RET_{i,t} = \left\{\left[\prod(1+R_{i,k})-1\right]-\left[\prod(1+R_{m,k})-1\right]\right\}\times 100 \text{ }^{①}$$

(5-1)

其中，$R_{i,k}$ 是股票 i 在第 t 年内第 k 个月的月收益率，$R_{m,k}$ 是股票所在市场在第 t 年内第 k 个月的月收益率，两者数据均来自国泰安（CSMAR）数据库。$RET_{i,t}$ 则表示公司 i 在第 t 年的股票累计超额收益率。由于我国上市公司年报公布一般在次年的4月30日前，本书采用 t 年5月至 $t+1$ 年4月这12个月的累计超额收益率来计算 t 年的 $RET_{i,t}$。

（二）解释变量

资产质量（AQ）：基于本书构建的资产质量评价体系计算而得，包括资产质量指数（AQ）、盈利性指数（AQ_Y）、获现性指数（AQ_H）、存在性指数（AQ_C）、周转性指数（AQ_Z）、发展性指数（AQ_F）和安全性指数（AQ_A）。

控制变量：参考以往研究会计信息含量的文献，纳入了企业资本规模（LTE），等于公司年末净资产的自然对数；企业年龄（AGE），企业成立的年限，涉及企业的所处的生命周期阶段，生命周期阶段不同，投资者对企业的未来预期也不同，市场表现也会发生变化；企业经营风险（RISK），风险是投资者决策的重要因素，所以风险会影响公司股票的收益率或价格，考虑到资产质量中的安全性可以反映企业的财务风险，故在此控制企业仅控制经营风险；成长性（GROWTH），成长性越好的公司未来"现金流"可能更多，越能获得投资者的青睐，获得高额报酬率；股权性质（SOE），投资者对国有与非国有企业两种股权性质企业的态度并不完全一致，可能会导致它们的市场反应不同；审计质量（SHENJI），审计意见和会计师事务所会对投资者行为产生重要影响（李增泉，1999），进而影响公司在年报公布前后的市场表现。除此之外，我们还对样本所处的行业（IND）和年份（YEAR）进行控制。

详细的变量定义及计算方法如表5.1所示。

---

① 为保证与资产质量指数计算的一致性，此处亦将股票累计收益率（RET）乘以100，增强结果的可呈现性，且不会影响最终结果。

表 5.1　主要变量定义表

变量类型	变量名称	变量符号	变量说明
被解释变量	股票累计超额收益率	RET	采取 Buy-and-Hold Return 计算方法计算的股票当年 5 月至次年 4 月的年累计超额收益率
解释变量	资产质量	AQ	根据资产质量评价体系使用熵值法计算而得到的资产质量指数，包括资产质量指数（AQ）、盈利性指数（AQ_Y）、获现性指数（AQ_H）、存在性指数（AQ_C）、周转性指数（AQ_Z）、发展性指数（AQ_F）和安全性指数（AQ_A）
控制变量	企业规模	LTE	企业年末净资产总额的自然对数
控制变量	企业年龄	AGE	企业成立的年限
控制变量	经营风险	RISK	用企业的经营杠杆表示：（净利润+所得税费用+财务费用+固定资产折旧、油气资产折耗、生产性生物资产折旧+无形资产摊销+长期待摊费用摊销）/（净利润+所得税费用+财务费用）
控制变量	成长性	GROWTH	企业的销售收入增长率：当期营业收入/上期营业收入
控制变量	股权性质	SOE	实际控制人是否为国家机构，是取 1，否则取 0
控制变量	审计质量	AUDIT	年度审计报告是否由国际四大和国内十大会计师事务所出具且审计意见为标准意见，若是取 1，否则取 0
控制变量	行业	IND	证监会 2012 年行业分类标准，行业虚拟变量
控制变量	年度	YEAR	年度虚拟变量

二、模型设定

研究会计信息含量通常采用两种模型：一种是沿袭 Ball 和 Brown（1968）的方法，采用以股票收益率为被解释变量的收益模型；另一种是以 Ohlson（1995）提出的价格模型为基础，加入被研究变量而构建的扩展价格模型。当解释变量与被解释变量之间的相关关系显著时，即可证明解释变量具有信息含量。鉴于价格模型采取某一时点的数据，容易受规模及其他因素的干扰，因此，本书选取收益模型进行实证分析，借鉴 Kothari 和 Zimmerman（1995）的方法，在稳健性检验中构建价格模型对资产质量的信息含量进行检验，以保证结果的稳健性。

为了检验资产质量及各项资产质量特征的信息含量，以股票累计超额收益率为被解释变量（Fan&Wong，2002；张国清和赵景文，2008；唐松等，

2017），以资产质量为解释变量，同时加入各控制变量，构建如下模型：

$$RET_{i,t} = \alpha_0 + \alpha_1 AQ_{i,t} + \alpha_2 LTE_{i,t} + \alpha_3 AGE_{i,t} + \alpha_4 RISK_{i,t} + \alpha_5 GROWTH_{i,t}$$
$$\alpha_6 SOE_{i,t} + \alpha_7 SHENJI_{i,t} + \sum IND + \sum YEAR + \varepsilon$$

(5-2)

其中，$AQ_{i,t}$ 代表 i 企业第 t 年的资产质量，包括资产质量指数（AQ）、盈利性指数（AQ_Y）、获现性指数（AQ_H）、存在性指数（AQ_C）、周转性指数（AQ_Z）、发展性指数（AQ_F）以及安全性指数（AQ_A）。通过考察各类资产质量变量的系数 α_1，可以了解资产质量与企业股票超额收益率之间的关系，进一步通过 F-test 和 Vuong test 分析不同资产质量特征为解释变量的系数和模型拟合优度，可以区别不同资产质量特征的信息含量差异。

第三节 实证结果与分析

一、描述性统计

主要变量的描述性统计如表 5.2 所示。2010 至 2018 年我国制造业上市公司股票累计超额收益率（RET）均值为 -3.777，中位数为 -8.607，说明无论是整体还是数量上，一半以上的企业股票收益率低于市场平均收益率。标准差为 35.470，意味着不同企业间的股票累计超额收益率存在着较大的差异。资产质量（AQ）与第四章相似，在此不再重复。其他变量，企业规模（LTE）的均值为 21.370；企业平均成立年限（AGE）为 20.890；经营风险（RISK）均值为 1.650，标准差为 0.836，75% 分位数为 1.732，说明多数企业的经营杠杆差异不大；成长性（GROWTH）均值为 1.205，25% 分位数为 1.037，表明销售增长率平均为 20.5%，且大部分企业的营业额均实现了不同程度的增长；股权性质（SOE）和审计质量（SHENJI）的结果有前文中已有描述。各变量的描述性统计结果与已有文献出入不大。

表 5.2　主要变量的描述性统计结果

变量	平均值（mean）	标准差（sd）	最小值（min）	25%分位数（p25）	中位数（p50）	75%分位数（p75）	最大值（max）
RET	−3.777	35.470	−96.460	−23.370	−8.607	10.280	133.800
AQ	17.920	6.837	6.172	13.470	16.310	20.200	75.650
LTE	21.370	0.921	19.480	20.710	21.300	21.930	24.010
AGE	20.890	4.929	6.000	18.000	20.000	24.000	69.000
RISK	1.650	0.836	1.037	1.204	1.386	1.732	6.575
GROWTH	1.205	0.351	0.658	1.020	1.141	1.297	3.208
SOE	0.294	0.455	0.000	0.000	0.000	1.000	1.000
SHENJI	0.675	0.468	0.000	0.000	1.000	1.000	1.000

注：数值保留到小数点后三位。

二、相关性分析

通过对表 5.3 相关性系数表的结果分析，可以得到一些重要结论。首先，资产质量（AQ）与股票累计超额收益率（RET）的相关系数在 1% 的水平上显著为正，即在不考虑其他因素的情况下，企业资产质量与市场反应之间是显著的正相关关系，初步验证了本章的主要假设。其次，变量间的相关系数均小于 0.5，说明变量间不存在严重的多重共线性以影响后文回归结果的有效性和无偏性。最后，多数控制变量与被解释变量（RET）之间存在显著的相关关系，且符号与预期一致，表明控制变量的选择和模型的构建相对合理。当然，更多详细结论依赖于后文进一步的模型回归结果和分析。

表 5.3 变量间相关系数表

变量	RET	AQ	LTE	AGE	RISK	GROWTH	SOE	SHENJI
RET	1							
AQ	0.067***	1						
LTE	−0.006	−0.027***	1					
AGE	−0.003	−0.019*	0.094***	1				
RISK	−0.084***	−0.190***	−0.028***	0.061***	1			
GROWTH	0.148***	0.122***	0.033***	−0.031***	−0.159***	1		
SOE	−0.019*	−0.047***	0.225***	0.220***	0.108***	−0.059***	1	
SHENJI	0.004	0.012	0.064***	−0.076***	−0.005	0.004	−0.033***	1

注：***、**、*分别表示在1%、5%、10%水平上统计显著。

三、回归结果与分析

(一) 资产质量的信息含量检验

模型（5-2）的回归结果由表 5.4 呈现。借鉴杜勇等（2017）、干胜道等（2019）的做法，利用逐步回归法增加模型的控制变量，第（1）列是不纳入任何控制变量的结果，第（2）列是控制行业（IND）和年度（YEAR）影响后的结果，第（3）列是加入前述其他控制变量后的结果。可以看到，资产质量（AQ）的系数均为正，且通过 1% 置信水平的显著性检验，说明资产质量与股票累计超额收益率之间的正相关关系是较为稳健的，具有信息含量。经济意义上，资产质量指数每提升 1% 个单位，股票的累计超额报酬率增加 0.19%，假设 H5-1 得以证明。其他变量的系数基本与预期一致，资本规模与企业年限的系数均不显著，说明它们对股票的超额报酬率并不明显；企业经营风险的系数显著为负，企业面临的经营风险越大，资本市场上股票的超额报酬率下降的可能性越大；成长性的系数显著为正，表明企业的成长性可以显著地被市场识别，成长性越好，股票的回报率则越高；国有企业与非国有企业、审计质量等对企业股票的累计超额收益率影响并不明显。

表 5.4 资产质量信息含量的回归结果

变量	(1)	(2)	(3)
AQ	0.345*** (6.55)	0.329*** (6.02)	0.192*** (3.45)
LET			−0.178 (−0.44)
AGE			0.091 (1.24)
RISK			−2.144*** (−4.79)
GROWTH			12.62*** (11.76)
SOE			−0.282 (−0.35)
SHENJI			1.220 (1.60)
IND		控制	控制

续表

变量	(1)	(2)	(3)
YEAR		控制	控制
常数项	−10.008*** (−9.84)	−6.209** (−2.14)	−14.388 (−1.58)
样本量	9525	9525	9525
R^2	0.004	0.073	0.091
Adj_R^2	0.004	0.069	0.087

注：***、**、*分别表示在1%、5%、10%水平上统计显著，括号内是T值。

（二）分项资产质量特征的信息含量检验

表5.5是以分项资产质量特征为解释变量，与股票累计超额收益率的回归结果。第（1）列是将各项资产质量特征纳入同一回归中的结果，盈利性指数（AQ_Y）和获现性指数（AQ_H）的系数在1%的显著性水平上分别为24.719和4.494，存在性指数（AQ_C）、周转性指数（AQ_Z）和安全性指数（AQ_A）均未通过显著性检验，发展性指数（AQ_F）显著为负。初步判断，资产质量中盈利性特征的信息含量最为充分，其次为获现性特征，其余特征的影响作用需进一步检验。

表5.5 分项资产质量特征信息含量的回归结果

变量	(1)	(2)	(3)	(4)	(5)	(6)	(7)
AQ_Y	24.719*** (7.88)	28.137*** (9.49)					
AQ_H	4.494*** (3.36)		7.778*** (6.15)				
AQ_C	0.842 (1.28)			1.311** (2.06)			
AQ_Z	0.084 (1.17)				0.254*** (3.64)		
AQ_F	−0.776** (−2.25)					−1.110*** (−3.32)	
AQ_A	−0.037 (−0.38)						0.072 (0.77)
LTE	−0.663 (−1.56)	−0.799* (−1.92)	−0.237 (−0.57)	−0.085 (−0.20)	−0.338 (−0.82)	−0.158 (−0.38)	−0.177 (−0.42)

续表

变量	(1)	(2)	(3)	(4)	(5)	(6)	(7)
AGE	0.051 (0.69)	0.080 (1.08)	0.047 (0.64)	0.096 (1.30)	0.072 (0.98)	0.071 (0.95)	0.089 (1.19)
$RISK$	−0.119 (−0.23)	−0.079 (−0.16)	−2.200*** (−4.97)	−2.170*** (−4.75)	−2.254*** (−5.08)	−2.497*** (−5.64)	−2.378*** (−5.36)
$GROWTH$	13.225*** (10.83)	11.422*** (10.61)	13.730*** (12.79)	13.045*** (12.20)	12.633*** (11.78)	14.855*** (12.30)	13.066*** (12.17)
SOE	−0.382 (−0.45)	0.318 (0.38)	−1.016 (−1.21)	−0.453 (−0.54)	−0.636 (−0.76)	−0.634 (−0.76)	−0.329 (−0.39)
$SHENJI$	0.866 (1.14)	0.841 (1.11)	1.314* (1.73)	1.337* (1.76)	1.197 (1.57)	1.359* (1.79)	1.332* (1.75)
IND	控制	控制	控制	控制	控制	控制	控制
$YEAR$	控制	控制	控制	控制	控制	控制	控制
常数项	−34.753*** (−3.49)	−26.431*** (−2.86)	−17.204* (−1.87)	−15.913 (−1.62)	−9.601 (−1.06)	−9.607 (−1.06)	−9.794 (−1.06)
样本量	9525	9525	9525	9525	9525	9525	9525
R^2	0.101	0.098	0.093	0.090	0.091	0.091	0.090
Adj_R^2	0.096	0.094	0.089	0.086	0.087	0.086	0.085

注：***、**、*分别表示在1%、5%、10%水平上统计显著，括号内是T值。

第（1）列的回归包含了6个维度的资产质量指数，虽然相对资产质量指数，具有更强的解释能力，但是无法排除各个指数间的相互影响。因此，为了深入及细化各项资产质量指数的影响方向和程度，本研究分别将它们与股票累计超额收益率单独进行回归，结果如表5.5的第（2）至（7）列所示。排除各变量间的相互影响后，各资产质量指数的绝对值和显著性均有所提高，盈利性指数依然最大，为28.137且在1%水平上显著；其次为获现性指数，在1%水平上显著为7.778，再次印证了第（1）列的回归结果，资产的盈利性和获现性特征均有不同程度的信息含量。存在性和周转性指数也通过了显著性检验，均为正数，说明资产的存在状况和被利用效率也可以在市场上有积极的反应，只是基于指数绝对值较小，信息含量可能有限。而安全性指数绝对值最小，且并不显著，意味着安全性指数在市场中不具有信息含量。最后，发展性指数的系数显著为负，说明市场对于企业规模的扩张并不总是积极反应的，可能的原因在于，规模的扩张容易产生其他成本，而在投资者看来，扩张带来的收益低于其产生的成本，从而导致了企业资产规模扩张的股价变动为消极的。综上，假设H5−2仅被部分验证，在其他因素不变的情况下，盈利性、获现性、存在性和周转性特征均存在信息含量，而发展性和安全性特征具有信息含量的假设没有通过检验。

（三）资产质量信息含量的差异性检验

为讨论各个资产质量特征信息含量的差异，本节将研究步骤分为两个阶段。第一阶段，在表 5.5 第（1）列模型回归的基础上，通过 F-test 比较变量系数间的差异，F-test 的原假设是两个系数是相等的，若检验结果的 P 值小于 10%，则可以拒绝原假设，认为两个变量系数之间是存在显著差异的。但是由于我们的变量未进行标准化处理，所以 F-test 的结果无法直接比较系数间的大小。对此我们进行第二阶段的研究，思路是参考王化成等（2004）比较经济增加值、盈余、现金流量和剩余收益指标的价值相关性差异时所使用的方法，在表 5.5 第（2）～（6）列回归的基础上，运用 Vuong-test 测试模型间的解释能力。该检验的原理是构造 Z 统计量比较两个模型的拟合优度（R^2）是否存在显著差异，若 Z 值显著为正，则说明第一个模型的解释能力大于第二个模型，反之第二个模型的解释能力更强。因此，我们在分项资产质量特征的市场反应模型间进行 Vuong-test，可以比较不同资产质量特征的信息含量多少。

各个资产质量特征回归系数两两比较的 F-test 结果如表 5.6 所示。表中呈现的是 F 值，结果显示，盈利性指数、获现性指数、发展性指数与其他各变量的回归系数存在显著差异。除此之外，存在性指数、周转性指数以及安全性指数之间并不存在显著性差异，说明盈利性指数、获现性指数和发展性指数的信息含量显著异于其他资产质量指数。

表 5.6 回归系数的 F-test 结果

变量	(1) AQ_Y	(2) AQ_H	(3) AQ_C	(4) AQ_Z	(5) AQ_F	(6) AQ_A
AQ_Y	1					
AQ_H	30.47***	1				
AQ_C	54.62***	5.91**	1			
AQ_Z	60.96***	10.80***	1.30	1		
AQ_F	64.36***	16.59***	4.74**	6.09**	1	
AQ_A	61.80***	11.40***	1.63	1.12	4.27**	1

注：***、**、* 分别表示在 1%、5%、10% 水平上统计显著。

进一步地，针对各项资产质量指数与股票累计超额收益率的回归模型，两两进行 Vuong-test，表 5.7 中呈现了基于 Vuong-test 计算的 Z 值。在表第（1）列中，Z 值均显著为正，说明相较于其他资产质量指数，盈利性指数对股票累计超额收益率的解释力度更大，即盈利性特征的信息含量最为充分。第（2）列是获现性指数的模型与其他模型比较的 Z 值结果，结果均为正数，且通过了显著性检验，说明除了盈利性特征，获现性特征的信息含量也高于其他资产质量特征。然而由表的第（3）～（6）列结果发现，Z 值均不显著，表明存在性、周转性、发展性、安全性四种资产质量特征的信息含量不存在显著差异。

表 5.7　各资产质量特征信息含量模型的 Vuong-test 结果

变量	(1) AQ_Y	(2) AQ_H	(3) AQ_C	(4) AQ_Z	(5) AQ_F	(6) AQ_A
AQ_Y	1					
AQ_H	2.3550**	1				
AQ_C	4.0242***	2.5690**	1			
AQ_Z	3.6520***	1.7470*	−1.0205	1		
AQ_F	3.5310***	2.0550**	−0.8299	0.2203	1	
AQ_A	4.1970***	2.9450***	0.9003	1.5690	1.4347	1

注：***、**、*分别表示在 1%、5%、10%水平上统计显著。

综合以上分析，资产质量盈利性特征的信息含量最大，获现性特征次之，然而市场对其他资产质量特征的识别程度有限，对存在性、周转性、发展性和安全性这些重要信息的获取度并不高。资产质量在市场的信息传递中，盈利性和获现性仍然占主导地位，这与现实是相符的，但其他信息的识别不足，也揭露了资产质量信息传递过程中存在内部机制不足的问题。事实上，其他资产质量特征某种程度上较盈余指标对企业而言更为可靠和有用，也更能够反映企业实际客观的财务状况，所以引导投资者全面地关注企业真实的财务状况包括资产质量仍是未来需要努力的方向。

四、稳健性检验

（一）内生性测试

1. 基于工具变量法的稳健性检验

模型（5-1）可能会存在由于遗漏影响股票收益率的诸多变量而导致的内生性问题，对此，我们采用工具变量法来缓解它的潜在影响。参考周泽将等（2018）的研究，将同年度除本公司外其他公司的资产质量平均值作为工具变量①，通过两阶段回归法（2SLS）重复以上回归，得到的结果如表5.8（1）（2）列所示。在此基础上，还使用针对弱工具变量敏感度更低的有限信息最大似然法（LIML）进行回归分析，如表5.8（3）（4）列所示。运用工具变量回归后，资产质量、各资产质量指数与股票收益率的关系与主回归依然基本一致。

表5.8 内生性测试——工具变量法

变量	(1)	(2)	(3)	(4)
	2SLS		LIML	
AQ	0.155*** (2.68)		0.155*** (2.68)	
AQ_Y		22.674*** (6.85)		22.674*** (6.85)
AQ_H		3.958*** (2.86)		3.958*** (2.86)
AQ_C		1.088 (1.58)		1.088 (1.58)
AQ_Z		0.042 (0.56)		0.042 (0.56)
AQ_F		−0.617* (−1.71)		−0.617* (−1.71)
AQ_A		−0.025 (−0.25)		−0.025 (−0.25)
ControlVs	控制	控制	控制	控制
IND	控制	控制	控制	控制
YEAR	控制	控制	控制	控制
常数项	−13.232 (−1.43)	−34.111*** (−3.40)	−13.232 (−1.43)	−34.111*** (−3.40)
样本量	9525	9525	9525	9525
R^2	0.091	0.100	0.091	0.100
Adj_R^2	0.0864	0.0957	0.0864	0.0957

注：***、**、*分别表示在1%、5%、10%水平上统计显著，括号内是Z值。

---

① 通过弱工具变量检验，2SLS第一阶段的F值大于10，所以弱工具变量问题得到有效控制。

2. 滞后变量法和面板固定效应模型

为了缓解变量自选择导致的内生性问题,本书一方面参考 Klein(1998)、Klock 等(2005)、Brown 等(2006)和 Chung 等(2011)的做法,加入滞后一期的股票累计超额收益率($L.RET$)作为控制变量重新对各模型进行回归;另一方面运用面板数据的固定效应模型以缓解内生性的问题(表5.9)。

表5.9 内生性测试——滞后变量和固定效应

变量	(1)	(2)	(3)	(4)
	\multicolumn{2}{c}{$L.RET$}	\multicolumn{2}{c}{面板数据}
AQ	0.251*** (3.59)		0.327*** (2.66)	
AQ_Y		29.328*** (7.40)		27.058*** (5.20)
AQ_H		2.549 (1.44)		4.560*** (2.79)
AQ_C		1.851** (2.26)		0.904 (0.67)
AQ_Z		0.036 (0.40)		−0.258 (−1.37)
AQ_F		−0.172 (−0.33)		−0.132 (−0.32)
AQ_A		0.057 (0.46)		0.648*** (3.18)
$L.RET$	−7.410*** (−6.55)	−9.020*** (−7.86)		
ControlVs	控制	控制	控制	控制
IND	控制	控制	控制	控制
YEAR	控制	控制	控制	控制
常数项	−0.080 (−0.70)	−0.315** (−2.54)	2.461*** (7.78)	2.050*** (6.15)
样本量	6326	6326	9525	9525
R^2	0.123	0.133	0.109	0.115
Adj_R^2	0.117	0.126		

注:***、**、*分别表示在1%、5%、10%水平上统计显著,括号内是 T 值。

(二) 基于 Ohlson (1995) 价格模型的稳健性检验

Ohlson (1995) 价格模型具有一定的开放性，可以将其他与股价相关的信息纳入模型（Aboody&Lev，1998；Barth&Clinch，1998；邵红霞和方军雄，2006；杨文君和陆正飞，2018；等等），从而检验信息的股价相关性。

$$P_{i,t} = \beta_0 + \beta_1 EPS_{i,t} + \beta_2 BPS_{i,t} \tag{5-3}$$

其中，$P_{i,t}$ 为公司 $t+1$ 年 4 月最后一个交易日的股票收盘价。$EPS_{i,t}$ 为每股收益，等于企业当年的净利润与总股数的比值；$BPS_{i,t}$ 为每股净资产，等于企业当年的股东权益总额与总股数的比值。两者衡量每一股份所对应的盈利水平和权益数额。

表 5.10 的统计结果显示，次年 4 月末股票的收盘价格（P）均值为 16.51 元，最低为 3.07 元，最高为 68.62 元，但 75% 分位数仅为 20.44 元，可以得知股价的分布并不均匀，大部分公司的股价处于低位，结合标准差数值为 12.03，股价的波动性可能较大。这一结果与近年来我国宏观经济环境和资本市场表现基本一致。每股收益（EPS）的均值为 0.434，说明平均每一普通股对应的净利润为 0.434 元，中位数仅为 0.304，最大值为 2.494，多数企业的盈利能力相对较弱。每股净资产（BPS）的均值为 4.939，表示每一普通股对应的净资产平均为 4.939 元，中位数为 4.372，75% 分位数为 6.212，最大值为 15.220，分布较每股收益更为均匀。

表 5.10　股票价格、每股收益、每股净资产描述性统计

变量	平均值(mean)	标准差(sd)	最小值(min)	25%分位数(p25)	中位数(p50)	75%分位数(p75)	最大值(max)
P	16.51	12.03	3.07	8.32	13.19	20.44	68.62
EPS	0.434	0.445	−0.045	0.131	0.304	0.584	2.494
BPS	4.939	2.661	1.111	3.027	4.372	6.212	15.220

注：非整数数值保留到小数点后三位。

为检验资产质量的股价相关性，本书在 Ohlson 初始模型的基础上，加入研究变量——资产质量指数、各项资产质量特征指数，以及相关控制变量，构建了下列 5-4 模型：

$$\begin{aligned} P_{i,t} = & \beta_0 + \beta_1 EPS_{i,t} + \beta_2 BPS_{i,t} + \beta_3 AQ_{i,t} + \beta_4 LTE_{i,t} + \beta_5 AGE_{i,t} + \\ & \beta_6 RISK_{i,t} + \beta_7 GROWTH_{i,t} + \beta_8 SOE_{i,t} + \beta_9 SHENJI_{i,t} + \\ & \sum IND + \sum YEAR + \varepsilon \end{aligned} \tag{5-4}$$

同上，我们以考察资产质量（AQ）的系数 β_3 为主，作为股票收益率模型结果的印证。表5.11的前两列是价格模型的回归结果。

（三）替换自变量的稳健性检验

我们还替换了自变量资产质量的衡量方式，将各资产质量评价指标以年度中值为标准转换为虚拟变量，大于年度中值取1，否则取0，再将各特征的指标加总后除以指标个数，得到每一维度质量特征的得分，最后把各维度得分计算加总得到最终综合资产质量的评价指数（DAQ），以此重新对主要假设进行检验，结果如表5.11的第（3）（4）列所示。

表5.11 稳健性检验—变换模型和替换自变量

变量	(1)	(2)	(3)	(4)
	价格模型		DAQ	
EPS	13.472*** (52.36)	9.812*** (23.30)		
BPS	1.243*** (31.89)	1.506*** (30.78)		
AQ	0.061*** (4.89)		2.401*** (6.70)	
AQ_Y		12.310*** (10.97)		4.616*** (4.94)
AQ_H		0.883*** (6.22)		4.588*** (5.94)
AQ_C		0.445* (1.65)		−1.598 (−1.05)
AQ_Z		−0.013 (−0.86)		0.778 (0.63)
AQ_F		0.573*** (8.11)		1.763* (1.73)
AQ_A		0.020 (0.94)		−0.072 (−0.09)
ControlVs	控制	控制	控制	控制
IND	控制	控制	控制	控制
YEAR	控制	控制	控制	控制
常数项	86.505*** (40.98)	70.461*** (28.77)	−0.170* (−1.86)	−0.060 (−0.63)

续表

变量	（1）	（2）	（3）	（4）
	价格模型		DAQ	
样本量	10730	10730	9525	9525
R^2	0.584	0.594	0.094	0.097
Adj_R^2	0.583	0.592	0.0896	0.0924

注：＊＊＊、＊＊、＊分别表示在1％、5％、10％水平上统计显著，括号内是 T 值。

通过一系列的稳健性检验可知，无论是内生性测试、变换模型还是替换自变量的回归结果都与主回归结果基本一致，因此资产质量具有信息含量、各项资产质量特征的信息含量存在异质性的结论是稳健的。

第四节 扩展检验：所有水平的资产质量都具有信息含量吗？

唐洁珑等（2016）提出了资产反应系数假说，并验证了在高资产质量的样本中，资产反应系数更大，说明高资产质量在资产总额的基础上能为股票价格提供增量信息。唐国平等（2015）发现资产质量的高低对企业价值的影响呈现异质性，高资产质量的企业体现出增长期权的价值类型，低资产质量的企业体现出清算期权的价值类型。这从一定程度上反映出企业的市场价值不仅与资产质量相关，而且还可以对资产质量的优劣进行识别。另外，根据企业信息披露的动机假说[①]，企业价值、业绩好坏等都会影响企业本身对信息的披露动机（Healy&Palepu，2001）。程新生等（2011）认为我国资本市场尚处于新兴市场阶段，各方面发展并不成熟，会造成资本市场交易动机的扭曲，即低价值企业倾向于披露更多的信息来误导投资者，一方面赢取了市场正面的形象，维持较好的股价反应；另一方面也打击了高价值企业的信息披露程度，最终导致企业价值与自愿披露负相关。资产质量很大程度上反映了企业的业绩、价值和发展潜力，那么依照如上逻辑，低水平资产质量的企业是否也会披露更多的无关信息"混淆视听"，使得股票价格偏离企业实质而无法反映出真实的资产质量状况呢？而拥有高水平资产质量的企业这种信

---

① 包括资本市场交易假说、控制权争夺假说、股票补偿假说、诉讼成本假说、管理才能力信号假说和专有成本假说等。

息披露动机相对较弱,并不容易使股票价格产生异常反应,其股价仍然可以正常反映企业资产质量这一重要信息。基于此,我们在得到企业资产质量具有信息含量这一总体结论的基础上,有必要进一步讨论是否所有水平的资产质量都能提供信息含量——究竟是优质的资产质量还是劣质的资产质量信息含量更为显著呢?

为了甄别不同水平资产质量信息含量的异质性,我们按照下列标准把样本划分为高水平和低水平资产质量组:①参考唐国平等(2015)的做法,按年度行业将排名前10%的样本划分为高资产质量组,后10%的样本划分为低资产质量组;②为保证结果的稳健性,按年度行业中位数的方法,将小于中位数的样本归类为低资产质量组,大于中位数的样本归类为高资产质量组。之后分组对模型(5-2)进行回归,结果如表5.12所示。

表5.12 高、低水平资产质量信息含量的异质性检验结果

变量	(1) 低资产质量	(2) 高资产质量	(3) 低资产质量	(4) 高资产质量
AQ	−0.879 (−0.73)	0.427* (1.72)	−0.010 (−0.04)	0.148* (1.73)
LET	−0.962 (−0.69)	2.220 (1.52)	−0.894 (−1.58)	0.589 (0.96)
AGE	−0.164 (−0.56)	0.362 (1.43)	0.021 (0.21)	0.164 (1.56)
RISK	−1.270 (−1.09)	−2.300 (−1.27)	−1.791*** (−3.23)	−2.731*** (−3.59)
GROWTH	7.622* (1.71)	9.940*** (3.84)	13.002*** (7.41)	12.563*** (9.07)
SOE	3.320 (1.20)	1.990 (0.59)	−0.288 (−0.26)	−0.144 (−0.11)
SHENJI	1.805 (0.70)	0.801 (0.28)	1.765* (1.72)	0.755 (0.67)
IND	控制	控制	控制	控制
YEAR	控制	控制	控制	控制
常数项	21.837 (0.66)	−86.907** (−2.34)	3.863 (0.30)	−29.504** (−2.11)

续表

变量	(1) 低资产质量	(2) 高资产质量	(3) 低资产质量	(4) 高资产质量
样本量	822	889	4648	4877
R^2	0.071	0.156	0.070	0.121
Adj_R^2	0.0234	0.115	0.0608	0.113

注：***、**、*分别表示在1％、5％、10％水平上统计显著，括号内是T值。

结果显示，在第（1）（3）列中，资产质量的系数均不显著，且为负数，说明在低资产质量的样本组中，资产质量与股票累计超额收益率的相关性不明显，并且从经济意义上来说，资产质量越低，股票收益率反而有可能更高，即有扭曲股票价格的趋势；而在第（2）（4）列中，资产质量的系数均显著为正，表明在拥有高资产质量的企业中，其股票价格可以充分反映出企业实际的资产状况，资产质量是影响企业市场表现的重要因素。因此，实证检验结果与我们的预期一致，即只有当资产质量高时，其信息含量才能显著和充分；而当资产质量处于劣质水平时，其与股票表现的关联性不足，不具有信息含量。高、低水平资产质量的信息含量确实存在显著差异。

第五节 本章小结

本章着重于对资产质量信息含量的研究，通过理论分析和实证检验，得到如下结论：首先，资产质量指数与公司的股票超额收益率和年报公布月份股票价格均具有显著的正相关性，证明了企业资产质量具有信息含量。正确地认识资产质量的重要性，客观深入地分析企业的资产质量，可以为投资者理性地做出投资决策提供有价值的增量信息，从而优化资本市场的资源配置。同时也说明，构建科学的资产质量评价体系是具有重要的理论和实践意义的。其次，在将资产细分为各项质量特征之后，分别检验各项资产质量特征的信息含量，以探究市场对不同维度的资产质量财务信息的敏感性，回归结果显示，在其他因素不变的情况下，盈利性、获现性、存在性和周转性质量特征确实具有不同水平的信息含量。但结合F-test对回归系数差异的检验和Vuong-test对模型解释力度的判断，得到不同资产质量指数的信息含量存在较大的差异。盈利性指数与股票累计超额收益率或者股票价格的相关度最为明显。其次是获现性指数，存在性、周转性指数虽具有一定程度的相关性，但对公司资本市场表现的解释能力非常有限，明显弱于盈利性和获现性特征，也就是说在考虑盈利性和获现性指数的前提下，无法提供增量信息含量。发展性指数的信息传递并不稳定，这可能与投资者对企业规模扩张的态度不一致有关。安全性指数的信息含量在多数情况下并不明显。

企业向资本市场上提供信息的有效性受制于诸多因素的影响，包括宏观经济因素、政治因素，微观企业的管理层作为、资本运行和经营成果，以及投资者对于企业基本面的感知和对未来发展的预期等。尽管如此，本书的结论仍然揭示了一个重要现象，即资产质量的确存在积极的信息含量，提升资产质量从企业内部有助于减少财务损耗、提高企业的盈利能力，保证现金流充实，实现可持续发展，从外部可以释放向好的市场信号，有利于资本的关注和流动，提升市场资源配置效率，帮助资本市场健康有序地发展。不可回避的是，本研究发现资产质量的信息含量仍然存在局限性，即市场无法对所有的资产质量指数进行识别和反应，仍然是以盈利性指数为主导，获现性指数为辅助，其他质量指数与市场的相关性处于较弱程度的状态，意味着资产质量的信息识别仍然存在不完善之处。事实上，存在性、周转性、发展性和安全性等都是对企业资产情况十分可靠和客观的反映，因此，市场对它们的解读应更为敏感，投资者也需要将关注转移到除盈利性和获现性指数之外的资产质量指数上。

此外，在扩展研究中，进一步将资产质量划分为高、低两组，深化资产质量信息含量的研究。理论分析和实证检验的结果均表明，两类资产质量的信息含量确实存在显著差异。在拥有高资产质量的企业中，资产质量与股票累计超额收益率正相关，有积极的信息含量，这与我们的主结论一致；然而在拥有低资产质量的企业中，资产质量这一重要的财务信息不仅没有包含在股票收益率中，反而有扭曲股价的可能性，此时资产质量不具有信息含量。

相比西方国家上百年的资本市场发展历程，我国资本市场发展时间较短，尚处于新兴市场阶段，因此企业资产质量各项特征的信息含量存在不足，优、劣性资产质量的信息含量呈现异质等问题均可能缘于某些内外部不完善的特定因素。那么，提高资产质量信息含量并完善相关机制则变得有机可寻，下一章将进一步探索资产质量信息传递机制的具体调节效应和传导路径，以帮助我们有的放矢地找到提升资产质量在资本市场中信息传递效率的途径和方法。

第六章　制造业上市公司资产质量的信息传递机制探究

前一章的研究得到了企业资产质量整体上具有信息含量的主要结论，并揭示了不同资产质量特征的信息含量存在异质性的这一隐形现象——投资者对资产质量盈利性和获现性特征的信息依赖程度显著高于其他重要的资产质量特征，即意味着企业资产质量这一重要财务信息在资本市场中的传递仍然有不完善之处。建设健康运行的资本市场，实现资源的有效配置，财务信息的高效和充分传递至关重要。基于此，本章将研究主题置于资产质量信息传递机制的探究上，通过探索资产质量信息含量的调节因素、资产质量财务信息的传导路径，以期发现企业向投资者和资本市场传递资产质量信息的过程特征，明确不同因素在其中的作用机制，为优化企业资产质量信息传递，提升市场有效性，强化投资者保护意识等提供理论依据和实践参考。

第一节　机制探讨

根据信息传递理论，信息传递引导着股票价格的形成，进而促使着股票市场资源的配置（王亚平等，2009）。也就是说，研究企业的股价水平或变动的核心在于对信息的把握。与股票价格相关联的信息传递过程具体可以划分为信息生成、信息传递、信息体现三个阶段。信息生成涉及企业个体信息，包括企业财务信息或个体特质，它是股价表现的初始动因。信息传递涉及信息环境和传递介质，包括信息传递的宏观环境、股票市场的中介机构和市场监管机构等，它们直接影响了初始信息传递含量的高低。资本市场完全有效是不可能的，因为股票价格会由于信息成本的存在而无法完全体现企业的内在价值（Grossman&Stiglitz，1980），此时，如果没有相对透明的信息环境、知情者对信息的解读和传达，信息的传递效率就会降低。信息体现涉及股票价格趋势与初始信息的相关性,是信息传递的结果,相关性越高,信息体现越充分;反之,则信息体现不足。

综合以上分析,在信息生成既定的前提下,要提高信息含量——资产质量与市场反应的相关程度,关键在于对信息传递第二阶段的认识。因此,着重从信息环境和传递介质两个维度对企业资产质量信息传递的机制进行探讨成为必然。同时,考虑到不同因素或者介质行为对两者关系的影响方式并不相同,我们从调节作用和路径传导两种不同的视角去检验这些因素的作用机理。

本章的后续安排如下:第二部分是通过调节效应的理论分析和实证检验,发现可以有效调节资产质量和股票累计超额回报率之间关系的因素。第三部分是基于中介效应的理论推导和实证检验,找到资产质量这一财务信息的传导路径。第四部分是对本章研究的总结。

第二节 资产质量信息含量的调节机制
——基于调节效应

财务信息在向市场传递的过程中,受信息环境状况和传递介质活动的影响。信息环境水平的衡量维度通常包括宏观层面的市场环境、中观层面的行业竞争环境和微观层面的企业制度背景,相应的具体因素即为市场化进程、行业竞争度和企业股权性质等。传递介质指参与信息传递的中间媒介,一般包括媒体、分析师及监管机构等。其对企业信息作为的度量方式分别为媒体关注、分析师跟踪和交易所信息披露管理等。因此,本节将从这六个方面探究影响企业资产质量信息含量的有效因素。

一、理论分析与假设提出

(一)基于信息环境因素的调节机制分析

1. 市场化进程与企业资产质量的信息含量

市场在资源配置中发挥着至关重要的作用,为此,我国持续推进市场化改革,不仅实现了经济的巨大进步,而且适应了当前"新常态"下的经济发展。然而，根据《中国分省份市场化指数报告（2018）》[①]，我国目前的市场化体制仍存在不足，还有很多方面的改革不够彻底。从评价指数来看，尽管全国范围内实现了市场化改革的进步，指数从 2008 年 5.45 分上升到 2016 年 6.72 分，但地区之间的差异历来显著，某些方面的市场化进程分布不均衡也是不可回避的问题。也就是说，企业由于所处地区位置的差异，所面临的市场化环境也会有所不同，那么其行为及相应的经济后果都可能因受制于外部环境的影响而发生变化。已有较多文献证实了这一结论，包括市场化环境对企业资本结构（孙铮等，2005；姜付秀和黄继承，2011）、公司治理、舞弊行为和审计事务所选择（夏立军和陈信元，2007；Ge 等，2012；Chen 等，2006；Wang 等，2008）、企业绩效（吴晓晖等，2008；周建等，2014）、企业价值（夏立军和方轶强，2005）、资本配置效率（方军雄，2006）以及股票定价（李江辉和解维敏，2017；刘剑蕾和栗媛，2019）等方面的影响。

随着研究的深化，近年来关于企业微观机制研究的文献倾向于将市场化进程作为调节因子，研究其对某种结果的影响作用。因为市场化进程作为衡量企业外部宏观环境的一种外生变量，并非导致企业某种行为经济后果的直接因素，而是调节这种因果关系的间接因素。辛清泉和谭伟强（2009）发现在国有企业经理薪酬与企业业绩的关系中，市场化进程会增强它们之间的敏感性。杨兴全和曾春华（2012）的研究结果表明，市场化进程可以强化企业多元化经营与现金持有水平的负向相关关系。在与资本市场相关的研究中，国外文献已经从宏观层面证实了环境因素是会计信息质量和资本市场效率的重要影响因素（Ball 等，2000；Morck 等，2000；Jin＆Myers，2006）。国内学者结合我国实际，也得到了类似结论。程新生等（2011）的研究得出高价值的企业在资本市场的信息披露动机并不明显，而市场化进程的推进会扭转这一趋势的结论。方军雄（2007）认为市场化进程的改善会缩小国有企业和非国有企业之间资本配置效率的差距。欧阳爱平和周宁（2013）、施先旺等（2014）均认为市场化改革通过提高法治水平、减少政府干预，以及对投资者提供有效的保护，从而降低市场中的代理成本，提高会计信息与市场的相关性。类似地，资产质量作为企业披露的重要财务信息，在传递到市场的过程中也会受到外部市场环境的影响，市场化进程越领先，法制越完善，投资者保护的制度就会越好，那么包括政府、企业、信息中介等利益相关者面临的违规成本和诉讼风险则越高，就会减少相应的"寻租"动机，降低信息

[①] 中国经济改革研究基金会课题，由国民经济研究所完成，作者王小鲁、樊纲、胡李鹏。

被"扭曲"的概率，从而使反映公司特质的资产质量信息得以及时、真实、完整的传递，形成合理的市场反应，提高企业资产质量的信息含量水平。基于以上分析，提出如下假设：

H6-1a：当其他条件既定时，市场化进程会提高资产质量的信息含量水平。

2. 行业竞争程度与企业资产质量的信息含量

竞争是经济学的重要概念之一。在宏观经济层面，竞争通过提高生产效率和整体社会财富有助于实现资源分配的"帕累托最优"；在微观企业层面，竞争通常是指产品市场竞争，即同一行业内多数企业为了持续经营和价值最大化的目标争夺生产资料、客户资源等行为和博弈的组合。因此，企业及利益相关者行为选择及后果呈现会受到行业竞争环境的影响。那么，就资产质量信息传递这一具体问题，行业竞争程度在其中究竟会发挥怎样的作用呢？笔者认为，可以从行业竞争度对信息不对称的影响切入分析。

整理现有文献，行业竞争环境显著影响企业行为的结论是肯定的。然而在讨论行业竞争程度对企业是发挥积极的外部治理机制还是消极的外部诱导影响时，存在着分歧。一种观点是行业竞争通过"充分信息假说""声誉激励假说"和"破产清算假说"三种机制弥补公司内部治理缺陷（Nalebuff & Stiglitz，1983；Bertoletti & Poletti，2003；Philippe 等，1999），发挥有效的外部治理效应，激励企业提高经营绩效、缓解代理问题和降低代理成本（Hart，1983），从而促使企业披露更充分的信息（Stivers，2004）。而另一种观点认为，处于竞争激烈行业中的企业为规避众多竞争者对有限资源的掠夺风险而倾向于少披露或披露无关紧要的信息（Gertner 等，1987；Verrecchia，1983；Verrecchia & Weber，2006），增加了高竞争行业中企业与利益相关者信息不对称。结合我国实际情况，市场机制并不完善，资源有限，企业竞争中存在较大的摩擦成本，企业在面对竞争时更有趋利避害的动机，后一种观点被验证的可能性更大。学者们以盈余管理作为公司治理状况的代理变量，发现在我国，企业的盈余管理水平与其所处的行业或产品市场竞争度正相关（周夏飞和周强龙，2014；曾伟强等；2016），说明行业竞争发挥的外部治理作用小于外部诱导作用，支持了处于高竞争行业的企业会计信息披露的质量可能劣于低竞争行业企业的观点。

另外，从投资者关注的视角来看，Kahneman（1973）提出关注模型，认为大脑的容量是有限的，因此投资者关注是一种稀缺的认知资源。投资者在对众多信息进行接收和处理时，会形成有限关注和集中关注两种情形（吕敏康和刘拯，2015）。有限关注表现为由于时间和精力的有限，投资者不可能对所有的信息进行关注，导致对企业基本面的信息反应不足（Aboody等，2010）；有限关注促使了集中关注，一旦投资者将注意力放在特定或重要的信息和事件上，便会提升信息解读效率，增强对信息的反应速度（李小晗和朱红军，2011）。基于这样的思路，在竞争激烈的行业中，企业的数量多，竞争性信息交融，且企业倾向于发布隐瞒性信息，投资者对这类企业信息的态度处于有限关注状态，从而使能反映企业基本面的资产质量信息得不到充分的传递；而在低竞争的行业，企业的数量小，规模大，信息透明度高，更能引起投资者的关注并且是集中关注，提高资本市场上的信息传递效率（于李胜和王艳艳，2010；权小锋和吴世农，2012），包括资产质量这一重要信息，从而增加了其最终的市场信息含量。综上，提出如下假设：

H6-1b：当其他条件既定时，行业竞争会降低资产质量的信息含量水平。

3. 股权性质与企业资产质量的信息含量

我国企业按照股权性质区分为国有企业和非国有企业。制度理论认为在经济转型的环境下企业活动会受到制度因素的重要影响，理论和实践亦都证实了两类企业确实在治理结构、管理层激励、资本配置、经营绩效和企业价值等诸多方面都存在着显著差异（中山大学管理学院课题组等，2008；缪毅和胡奕明，2014；杨艳和陈收，2007；王甄和胡军，2016；朱武祥和宋勇，2001；等等）。在此背景下，中国投资者对不同股权性质的企业形成了并不一致的关注与预期。我国资本市场上非理性投资者比例较大，他们对企业的判断以经验主义和主观判断为多，普遍认为国有企业面临的经营风险低于非国有企业（谢建等，2015），同时拥有更为稳定的经营业绩和值得期待的发展前景，因为国有企业享有比非国有企业更为宽松的信贷政策、更稳定的客户资源、更低的经营成本及更多的政府补助等天然优势，即使经营不佳，也有政府兜底，不可能出现破产崩盘等极端现象。这就导致了市场投资者对企业的预期偏离了业绩或资产质量等这类反映企业客观状况的基本面信息，进而削弱了资产质量信息在市场中的传递含量。相较之下，非国有企业没有以上优势，投资者对它的投资则更为谨慎，决策仍主要依赖于企业本身的经营特质和效率，受传统的国有股权性质偏好的干扰较少，那么企业会计信息与市场的相关性则不会被显著影响。因此，我们认为股权性质的异质性会在企业资产质量信息传递的过程中产生一定的调节机制，并提出如下假设：

H6-1c：当其他条件既定时，国有股权性质会降低资产质量的信息含量水平。

(二) 基于传递介质行为因素的调节机制分析

1. 媒体关注与企业资产质量的信息含量

在信息时代的背景下,媒体对宏观经济环境、中观市场运行和微观企业活动都发挥着日益重要的作用。作为信息的搜集者、加工者和传播者,媒体已经成为连接企业与市场的纽带,影响着企业的经营与市场资源配置的结果。于企业而言,国内外研究普遍认为媒体关注起到了积极的外部公司治理效应(Miller,2006;Dyck 等,2008;Joe 等,2009;李培功和沈艺峰,2010;权小锋和吴世农,2012;等等)。Craven 和 Marston(1997)认为媒体关注可以对公司机构及其行为形成有效外部监督,提高治理效率。李培功和沈艺峰(2010)通过对 2004 年我国"最差董事会"的特殊公司进行研究,证实了媒体在促进企业改正违规行为和投资者利益保护方面起着积极作用。权小锋和吴世农(2012)发现媒体关注可以显著抑制管理层的盈余操纵行为和应计误定价情况的出现。万寿义和李新丽(2019)的研究表明媒体关注可以促进企业社会责任的履行,符合社会回应理论。

事实上,媒体关注的积极效应不仅体现在对公司内部治理的补充上,还体现在对外部信息环境的重塑和约束上。现有文献的结论已表明,由于市场中的投资者并非完全理性地依据风险和收益作出决策,而是"注意力驱动"型的(Barber&Odean,2008),媒体关注能够通过对企业的报道影响投资者的认知(Huberman&Regev,2001;Bhattacharya 等,2009;于忠泊等,2012;周开国等,2014),进而对公司股票的收益率产生影响(Fang&Peress,2009;饶育蕾等,2010;应千伟等,2015;等等)。在财务信息的传递中,于忠泊等(2012)已经证实媒体关注作为市场压力的来源之一,可以增加盈余信息的信息含量。依据以上逻辑,媒体通过自身的渠道对信息进行传播,增强市场投资者对于公司的关注和认知,帮助投资者对企业资产质量进行解读并形成客观理解,提高投资者的决策和行为中对资产质量这一信息的依赖程度,从而增加资产质量与股票收益率的正相关性。因此提出如下假设:

H6-2a:当其他条件既定时,媒体关注会提高资产质量的信息含量水平。

2. 分析师跟踪与企业资产质量的信息含量

根据有噪声的理性预期模型,投资者的动机并不一致,一类是追求效用最大化的理性投资者,另一类是追求流动性的噪声交易者。前者倾向于搜集并运用客观信息并经过个人分析和修正后,对股票价格进行预期;而后者更可能持有"搭便车"的心态,追随理性投资者的决策(Grundy&Kim,

2002)。由于中国资本市场并不十分成熟，市场中非理性交易者居多，那么少数理性投资者的信念便成为影响市场的重要引导因素。现实中，分析师是典型的理性投资者，他们拥有更为专业的财务金融知识和信息解读优势（Brown等，1987），通过发布研究报告或者预测数据可以弥补财务报告信息的不足，提供更多的增量信息，缓解投资者与公司的信息不对称程度，进而影响其他投资者对企业的判断和决策。所以，分析师对上市公司的跟踪和关注在促进资源合理配置和优化市场效率方面发挥了积极的作用（Frankel&Li，2004）。在我国，庞晓波和呼建光（2011）认为我国分析师已经可以在一定程度上解读财务报告向市场传达的信息了。徐欣和唐清泉（2010）的研究表明分析师跟踪能够提供关于企业研发的深层次信息，有助于资本市场对研发的价值识别。蒋艳辉和李林纯（2014）在研究智力资本多元化这类深层次信息的市场价值认同时，发现分析师跟踪发挥了有效的信息传递作用。

我们知道资产质量是与每股收益等直接指标有显著区别的信息，更依赖于对财务报告的综合和深度分析，因此对于它的认知，分析师发挥着更为重要的信号传递作用。分师师关注得越多，其他投资者对于企业资产质量的认识越清晰，越能提高资产质量对投资者决策选择的决定效用，强化资产质量这一深层次信息在市场中的传递效率。于是，提出如下假设：

H6-2b：当其他条件既定时，分析师跟踪会提高资产质量的信息含量水平。

3. 交易所信息披露评价与企业资产质量的信息含量

信息披露是解决资本市场信息不对称、规范市场主体行为、帮助投资者决策的基本制度安排，不仅涉及上市公司自身信息披露规范，还包括监管主体对信息披露的管理和监督，因此中国证监会的信息披露监管体系建设成为上市公司监管工作的重要职责。根据上证发〔2017〕32号《上海证券交易所上市公司信息披露工作评价办法（2017年修订）》[1]，上交所对上市公司信息披露的规范运作和披露内容进行评价并监管，将评价结果分为A、B、C、D四类，分别对应信息披露工作优秀、良好、合格和不合格四个档次。该评价结果是监管机构主要监管成果之一，可以作为上市公司分类监管的重要参考依据，提高监管效率。那么对于投资者获取信息，这种监管结果会产生怎样的影响呢？

对公司信息透明度的监管应该从以下两方面影响资产质量的信息含量。

---

[1] 深证发〔2017〕291号《深圳证券交易所上市公司信息披露工作考核办法（2017年修订）》内容与此相类似，不再一一罗列。

一是其官方结果的引导性，相较于媒体和证券分析师而言，证券交易所的监管是官方行为，其结果更具备权威性和代表性，对投资者也更具信服力，投资者更愿意关注那些被监管机构认可的企业，从而增加对这类企业特质和基本面的识别，提高资产质量的信息含量。二是信息透明度高的企业本身具有较高的会计信息质量，可以减少与投资者的信息不对称（周中胜和陈汉文，2008），帮助投资者增加对企业特质的深度认知，增加资产质量的决策效用，从而提高股价中资产质量的信息含量（沈华玉等，2017）。承接这样的逻辑，监管机构对上市公司的信息披露进行评价和监管可以释放企业信息透明度的信号，引导投资者关注透明度高的企业，形成对资产质量这类特质信息的准确判断，从而提高资产质量对股票价格变动的影响程度，故提出如下假设：

H6-2c：当其他条件既定时，监管机构对上市公司的信息透明度评价与资产质量的信息含量水平正相关。

二、研究设计

（一）数据与变量说明

本节研究的是各个因素对第五章中主要结果的调节效应，所以样本数据的处理、主要的被解释变量和控制变量保持不变，在此对解释变量和调节变量进行详述。

1. 解释变量

由于前文研究结果显示市场对除盈利性和获现性特征之外的资产质量特征识别不足，因此提高这些资产质量特征的意义亦十分重要。为深化本书的研究层次和强化结果的可靠性，我们还计算了剔除盈利性和获现性特征后的资产质量指数，记为 $AQ1$，与资产质量指数（AQ）同时作为解释变量，考察不同因素的调节机制是否均为有效。

2. 调节变量

市场化进程（$MARKET$）：数据来源于王小鲁、樊纲、胡李鹏编制的《中国分省份市场化指数报告（2018）》，以市场化总指数作为企业外部制度环境的代理指标。但由于该指数仅更新至2016年，本书参考以往文献（马连福等，2015），根据历年市场化指数的平均增长率来预测2017—2018年市场化指数。在此基础上，按年份将市场化指数大于中位数的地区赋值为1，归类为市场化进程高的地区；反之赋值为0，归类为市场化进程低的地区。

行业竞争程度（HHI）：采用赫芬达尔－赫希曼指数 HHI 来衡量行业

集中度，等于行业内各公司营业收入与行业营业总收入比值的平方和，如式（6-1）。HHI 越大，集中度越大，行业内竞争越小，HHI 的数值与行业竞争程度呈反比。借鉴李延喜等（2015）的做法，将 HHI 小于 1/4 分位数的样本归为高竞争行业，大于 3/4 分位数的样本归为低竞争行业。

$$HHI = \sum_{i=0}^{N}(X_i/X)^2 = \sum_{i=0}^{N}(S_i)^2 \qquad (6-1)$$

其中，X 为行业营业总收入，X_i 为 i 公司的营业收入，$S_i = X_i/X$ 为第 i 个企业的市场占有率，N 为该行业内的公司数量。

股权性质（SOE）：按照企业实际控制人性质分类，若为国家机构，则取值为 1，归类为国有企业；否则取值为 0，归类为非国有企业。

媒体关注（$MEDIA$）：参照国内外文献较为通用的方法，使用媒体中提及公司名字的次数衡量公司的媒体关注水平（Fang&Peress，2009；罗进辉，2012；逯东等，2015），对于每家上市公司，通过百度新闻搜索引擎（http://news.baidu.com）对标题中含有公司简称或股票代码的报道分年度搜索，搜索引擎自动输出相应的新闻报道条数，我们将其界定为媒体关注度。在此基础上，以年度中位数为标准，大于此的样本为高媒体关注，取值为 1；反之为低媒体关注度，取值为 0。

分析师跟踪（$ANALYST$）：以在一年内对该公司进行过跟踪分析的分析师（团队）数量作为衡量分析师跟踪的代理变量，由于团队之间存在行为一致性，故一个团队数量为 1，不单独计算其成员数量。因分析师对不同行业的关注有差异，故按年度行业取中位数，大于中位数的归为分析师跟踪度高的组别，取值为 1；否则为分析师跟踪度低的组别，取值为 0。

信息透明度（$OPACITY$）：以每年上海证券交易所和深圳证券交易所根据"上市公司信息披露工作评价办法"给予的评价结果为准，得分 A、B 的企业赋值为 1，归为信息透明度高组；得分为 C、D 的企业赋值为 0，归为信息透明度低组。

详细的变量说明见表 6.1。

表 6.1 主要变量定义表

变量类型	变量名称	变量符号	变量说明
被解释变量	股票累计超额收益率	RET	采取 Buy-and-Hold Return 计算方法计算的股票当年 5 月至次年 4 月的年累计超额报酬率。

续表

变量类型	变量名称	变量符号	变量说明
解释变量	资产质量	AQ	根据资产质量评价指标使用熵值法计算而得到的资产质量指数。
		AQ1	剔除盈利性特征、获现性特征后的资产质量指数。
控制变量	企业规模	LTE	企业年末净资产总额的自然对数。
	企业年龄	AGE	企业成立的年限。
	经营风险	RISK	用企业的经营杠杆表示,(净利润+所得税费用+财务费用+固定资产折旧、油气资产折耗、生产性生物资产折旧+无形资产摊销+长期待摊费用摊销)/(净利润+所得税费用+财务费用)。
	成长性	GROWTH	企业的销售收入增长率,当期营业收入/上期营业收入
	股权性质	SOE	实际控制人是否为国家机构,是取1,否则取0。
	审计质量	AUDIT	年度审计报告是否由国际四大和国内十大会计师事务所出具且审计意见为标准意见,若是取1,否则取0。
	行业	IND	证监会2012年行业分类标准,行业虚拟变量。
	年度	YEAR	年度虚拟变量。
调节变量	市场化进程	MARKET	根据《中国分省份市场化指数报告(2018)》计算,按年份将市场化指数大于中位数的地区赋值为1,归类为市场化进程高的地区,反之赋值为0,归类为市场化进程低的地区。
	行业竞争程度	HHI	行业内各公司营业收入与行业营业总收入比值的平方和,将小于1/4分位数的样本归为高竞争行业,取值为1;大于3/4分位数的样本归为低竞争行业,取值为0。
	股权性质	SOE	实际控制人是否为国家机构,是取1,否则取0。
	媒体关注	MEDIA	百度新闻搜索引擎当年对公司的报道数,大于中位数的归类为媒体关注度高,取值为1;小于中位数的归类为媒体关注度低,取值为0。
	分析师跟踪	ANALYSIT	当年对公司进行过跟踪分析的分析师(团队)数量,大于行业年度中位数的归为分析师跟踪度高的组别,取值为1;否则为分析师跟踪度低的组别,取值为0。
	信息透明度	OPACITY	证交所每年披露的上市公司信息透明度结果,得分A、B的企业赋值为1,归为信息透明度高组;得分为C、D的企业赋值为0,归为信息透明度低组。

（二）模型设定

对于各影响因素的调节效应，我们的考察思路是在第五章主回归的基础上，依次根据不同的调节变量分组进行回归，观察资产质量对股票累计超额收益率的系数变化，以判断资产质量的信息含量在不同情况下的区别。回归模型如下：

$$RET_{i,t} = \alpha_0 + \alpha_1 AQ_{i,t} + \alpha_2 LTE_{i,t} + \alpha_3 AGE_{i,t} + \alpha_4 RISK_{i,t} + \alpha_5 GROWTH_{i,t} + \alpha_6 SOE_{i,t} + \alpha_7 SHENJI_{i,t} + \sum IND + \sum YEAR + \varepsilon$$

$$(6-2)$$

三、实证结果与分析

（一）描述性统计

为了展示变量原本的特征，描述性统计是以原始数据为依据的，结果如表6.2所示。市场化进程（MARKET）均值为8.103，最小值为-1.140，最大值为10.830，且25%分位数为6.850，说明我国制造业企业分布在市场化进程较高的地区多于分布在市场化进程落后的地区。行业集中度（HHI）均值为0.080，最小值为0.015，最大值为0.617，结合分位数的数值来看，该变量分布呈右偏形态，意味着我国制造业上市公司多数面临的行业竞争压力较大，处于低竞争行业的企业仍是少数。股权性质（SOE）均值为0.294，说明有29.4%的样本为国有企业。媒体关注（MEDIA）的均值为164.300，表明平均每个企业每年可获得的媒体报道约为164次，媒体关注的标准差为4126，可知每个企业获得的媒体关注度差异很大，有的企业没有被媒体报道过，有的企业却可以获得大量的媒体关注，最多达到289000次。分析师跟踪（ANALYST）的均值为8.165，说明每个企业每年可以获得8个分析师的跟踪分析，但由于该变量的标准差较大，75%分位数（12）与最大值（75）的差距明显，可知多数企业获得的分析师关注较少，分析师资源分布并不均匀。从官方公布的公司信息透明度（OPACITY）结果来看，至少75%的样本获得了良好以上的结果，整体信息披露评价较好。

表 6.2 调节变量的描述性统计结果

变量	平均值（mean）	标准差（sd）	最小值（min）	25%分位数（p25）	中位数（p50）	75%分位数（p75）	最大值（max）
MARKET	8.103	1.879	−1.140	6.850	8.330	9.680	10.830
HHI	0.080	0.067	0.015	0.028	0.062	0.103	0.617
SOE	0.294	0.455	0.000	0.000	0.000	1.000	1.000
MEDIA	164.300	4126	0.000	7.000	18.000	49.000	289000.000
ANALYST	8.165	9.573	0.000	1.000	5.000	12.000	75.000
OPACITY[①]	3.115	0.579	1.000	3.000	3.000	3.000	4.000

注：数值保留到小数点后三位。

（二）单因素分析

按照变量说明中的分组依据，我们将样本分别划为市场化进程高、低组，行业竞争度高、低组，国有企业与非国有企业组，媒体关注度高、低组，分析师跟踪度高、低组，以及公司信息透明度高、低组。并对不同组别的股票累计超额报酬率（*RET*）、资产质量（*AQ*）和剔除盈利性和获现性指数后的资产质量（*AQ1*）进行均值（T-test）和中位数（轶和检验）差异的显著性检验，结果如表 6.3 至表 6.8 所示。

表 6.3 主要变量的单因素比较结果——市场化进程

变量	均值检验 市场化进程高	均值检验 市场化进程低	T 值	中位数检验 市场化进程高	中位数检验 市场化进程低	Z 值
RET	−2.929	−4.629	2.338**	−7.977	−9.154	2.610***
AQ	18.185	17.648	4.066***	16.640	15.962	8.383***
AQ1	16.073	15.527	4.173***	14.539	13.898	8.601***

注：数值保留到小数点后三位。***、**、*分别表示在 1%、5%、10% 水平上统计显著。

[①] 为方便统计，*OPACITY* 的结果改为由数值代替，$A=4$、$B=3$、$C=2$、$D=1$。

表6.4 主要变量的单因素比较结果——行业竞争度

变量	均值检验			中位数检验		
	行业竞争度高	行业竞争度低	T值	行业竞争度高	行业竞争度低	Z值
RET	-3.272	-4.688	1.387	-8.000	-8.470	1.645*
AQ	18.269	18.978	-3.496***	16.878	16.678	0.588
AQ1	16.108	16.856	-3.721***	14.728	14.523	0.323

注：数值保留到小数点后三位。***、**、*分别表示在1%、5%、10%水平上统计显著。

表6.5 主要变量的单因素比较结果——股权性质

变量	均值检验			中位数检验		
	国有企业	非国有企业	T值	国有企业	非国有企业	Z值
RET	-4.792	-3.336	-1.841**	-8.797	-8.526	-1.240
AQ	17.414	18.125	-4.917***	15.736	16.534	-7.714***
AQ1	15.254	16.027	-5.391***	13.551	14.437	-8.455***

注：数值保留到小数点后三位。***、**、*分别表示在1%、5%、10%水平上统计显著。

表6.6 主要变量的单因素比较结果——媒体关注

变量	均值检验			中位数检验		
	媒体关注度高	媒体关注度低	T值	媒体关注度高	媒体关注度低	Z值
RET	-2.576	-4.860	3.140***	-7.537	-9.330	3.044***
AQ	18.055	17.787	2.024**	16.465	16.151	2.987***
AQ1	15.928	15.681	1.892*	14.378	14.054	2.944***

注：数值保留到小数点后三位。***、**、*分别表示在1%、5%、10%水平上统计显著。

表6.7 主要变量的单因素比较结果——分析师跟踪

变量	均值检验			中位数检验		
	分析师跟踪高	分析师跟踪低	T值	分析师跟踪高	分析师跟踪低	Z值
RET	−1.763	−5.947	5.762***	−6.759	−10.379	6.674***
AQ	18.524	17.295	9.346***	16.915	15.566	13.408***
AQ1	16.367	15.220	8.800***	14.737	13.495	12.943***

注：数值保留到小数点后三位。***、**、*分别表示在1%、5%、10%水平上统计显著。

表6.8 主要变量的单因素比较结果——信息透明度

变量	均值检验			中位数检验		
	信息透明度高	信息透明度低	T值	信息透明度高	信息透明度低	Z值
RET	−2.935	−3.707	0.482	−8.042	−10.349	1.465
AQ	18.508	17.136	4.878***	16.757	14.944	8.187***
AQ1	16.410	15.091	4.734***	14.638	12.879	8.043***

注：数值保留到小数点后三位。***、**、*分别表示在1%、5%、10%水平上统计显著。

首先，考察不同信息环境的比较结果。通过对表6.3至表6.5的均值分析发现，在市场化进程高、非国有制度背景的信息环境中，企业股票累计超额报酬率显著高于处于市场化进程低和国有制度背景信息环境中的企业，但在不同行业竞争度的环境中，其差距并不显著，这从一定程度上说明信息环境的改善有助于企业获得较高股票累计超额收益率。类似地，在市场化进程高、非国有制度背景的信息环境中，企业的资产质量显著高于处于市场化进程低和国有制度背景信息环境中的企业，而在高竞争行业中的企业资产质量反而更低，表明市场化进程、非国有股权性质有助于提升企业的资产质量，但是竞争强度会降低企业的资产质量。

其次，考察主要变量在不同信息介质行为下的差异。表6.6至表6.8的结果显示，除了在信息透明度分组结果中股票累计超额收益率的差异不显著之外，在媒体关注度高、分析师跟踪度高和信息透明度高的情况下，股票累计超额收益率和企业资产质量均显著高于媒体关注低、分析师跟踪度低和信息透明度低等情况下的样本，表明信息介质——媒体、分析师的积极行为均有助于提升企业的资产质量和股票收益率。

各单因素分组的中位数检验与均值检验的结果基本一致，说明以上分析较为可靠。当然，简单的单因素分析仅证明了以上因素可以对被解释变量和解释变量单独产生影响，并不能看出在不同的分组情况下，资产质量与股票累计超额收益率具体是何种关系。进一步研究依赖于之后的回归结果和分析。

（三）回归结果与分析

1. 信息环境的调节效应检验结果及分析

首先，依据市场化指数我们将样本划分为市场化进程高和市场化进程低组，然后按照模型（6-2）依次进行回归，表6.9中，第（1）（3）列是分别以综合资产质量（AQ）和剔除盈利性和获现性特征后的资产质量（$AQ1$）为解释变量在市场化进程高组回归的结果，第（2）（4）是在市场化进程低组回归的结果。可以发现在市场进程化高的地区，两种衡量方式的资产质量系数均不显著；而在市场化进程低的地区，两种资产质量的系数均在1%的水平上显著为正，分别为0.240和0.222。这说明资产质量的信息含量在市场化落后地区明显高于市场化发达地区，这与我们的假设相悖，假设H6-1a没有被验证。究其原因，可能是在市场化高的地区，与企业相关的信息更为及时和丰富（李慧云和刘镝，2016），资产质量只是繁杂信息中的小部分，导致各类信息在市场中充分传递的同时便削弱了资产质量与股票表现的相关程度。王永妍等（2018）发现市场化进程高的地区，资产质量对公司违规的约束能力反而更弱，也是类似的道理。因此，仅依靠宏观的外部市场环境增强资产质量的市场反应程度远远不够，还需要其他因素的配合。

表6.9 调节效应——市场化进程

变量	(1) $MARKET=1$ （高）	(2) $MARKET=0$ （低）	(3) $MARKET=1$ （高）	(4) $MARKET=0$ （低）
AQ	0.130 (1.51)	0.240*** (3.25)		
$AQ1$			0.102 (1.18)	0.222*** (2.98)
LTE	−0.311 (−0.50)	−0.076 (−0.14)	−0.316 (−0.51)	−0.075 (−0.13)
AGE	0.114 (1.03)	0.046 (0.46)	0.112 (1.01)	0.047 (0.47)

续表

变量	(1) MARKET=1（高）	(2) MARKET=0（低）	(3) MARKET=1（高）	(4) MARKET=0（低）
RISK	−2.360*** (−3.46)	−1.882*** (−3.15)	−2.416*** (−3.55)	−1.925*** (−3.23)
GROWTH	13.810*** (8.19)	11.932*** (8.62)	13.849*** (8.21)	11.964*** (8.64)
SOE	0.142 (0.10)	−0.051 (−0.05)	0.142 (0.10)	−0.056 (−0.05)
SHENJI	1.131 (0.99)	1.154 (1.12)	1.132 (0.99)	1.176 (1.14)
IND	控制	控制	控制	控制
YEAR	控制	控制	控制	控制
常数项	−14.042 (−0.99)	−14.199 (−1.15)	−12.825 (−0.90)	−13.300 (−1.08)
样本量	4772	4753	4772	4753
Adj_R^2	0.100	0.084	0.100	0.084

注：***、**、*分别表示在1%、5%、10%水平上统计显著，括号内是 T 值。

其次，资产质量在不同竞争程度的行业组别中与企业股票累计超额收益率的关系如表6.10所示。第（1）（3）列中，当行业竞争度高时，资产质量（AQ）和不考虑盈利性和获现性的资产质量（$AQ1$）的系数均不显著。而当行业竞争程度低时，第（2）（4）列中资产质量的系数均为正且通过5%的显著性检验。这表明资产质量只有在竞争度低的行业环境中才会具有信息含量；而在高竞争行业环境中，资产质量与其股票收益率并无明显关系。这与假设H6-1b的论述相符，再一次证明在资产质量向市场传递信息的过程中，由于我国资本市场的不成熟和投资者"有限关注"的制约，行业竞争发挥的外部诱导大于外部治理的作用。

表6.10　调节效应——行业竞争度

变量	(1) HHI=1（高）	(2) HHI=0（低）	(3) HHI=1（高）	(4) HHI=0（低）
AQ	0.147 (1.30)	0.230** (2.52)		

续表

变量	(1) $HHI=1$（高）	(2) $HHI=0$（低）	(3) $HHI=1$（高）	(4) $HHI=0$（低）
AQ1			0.124 (1.09)	0.215** (2.34)
LTE	−0.988 (−1.20)	−0.017 (−0.02)	−0.995 (−1.21)	−0.006 (−0.01)
AGE	0.027 (0.17)	0.235 (1.59)	0.025 (0.16)	0.237 (1.61)
RISK	−1.816* (−1.80)	−3.368*** (−3.83)	−1.861* (−1.85)	−3.418*** (−3.90)
GROWTH	17.066*** (7.73)	9.920*** (4.76)	17.110*** (7.75)	9.954*** (4.77)
SOE	−0.916 (−0.57)	1.505 (0.94)	−0.922 (−0.58)	1.508 (0.94)
SHENJI	1.299 (0.87)	0.198 (0.13)	1.307 (0.88)	0.218 (0.14)
IND	控制	控制	控制	控制
YEAR	控制	控制	控制	控制
常数项	−14.806 (−0.63)	−25.237 (−1.50)	−13.987 (−0.59)	−24.629 (−1.46)
样本量	2395	2389	2395	2389
Adj_R^2	0.152	0.0759	0.152	0.0755

注：***、**、*分别表示在1%、5%、10%水平上统计显著，括号内是T值。

再次，表6.11是按国有企业和非国有企业分组后，资产质量与股票累计超额收益率的回归结果。在国有企业的样本组中，两类资产质量的系数均仅在10%水平上显著；在非国有企业的样本给中，两类资产质量的系数在1%和5%水平上显著。对此，我们进一步针对组间系数差异进行了邹检验（Chow Test）和极大似然估计检验（Suest），结果分别为$P=0.9045$和$P=0.902$，均接受了两组资产质量系数无差异的原假设，意味着在国有和非国有股权性质下，企业资产质量的信息含量在统计上并没有明显差别。这说明产权制度背景对资产质量市场反应的调节作用并不明显，假设H6-1c没有被验证。

表6.11 调节效应——股权性质

变量	(1) SOE=1（国有）	(2) SOE=0（非国有）	(3) SOE=1（国有）	(4) SOE=0（非国有）
AQ	0.178* (1.89)	0.193*** (2.78)		
AQ1			0.156* (1.65)	0.170** (2.42)
LTE	−0.807 (−1.25)	−0.050 (−0.09)	−0.806 (−1.25)	−0.056 (−0.10)
AGE	−0.024 (−0.20)	0.119 (1.29)	−0.022 (−0.18)	0.118 (1.27)
RISK	−2.767*** (−3.89)	−1.619*** (−2.83)	−2.802*** (−3.94)	−1.676*** (−2.94)
GROWTH	9.351*** (5.04)	14.068*** (10.80)	9.410*** (5.07)	14.093*** (10.82)
SHENJI	−0.702 (−0.54)	2.474*** (2.65)	−0.678 (−0.52)	2.488*** (2.66)
IND	控制	控制	控制	控制
YEAR	控制	控制	控制	控制
常数项	5.456 (0.38)	−21.136* (−1.74)	6.204 (0.43)	−19.954 (−1.64)
样本量	2886	6639	2886	6639
Adj_R^2	0.108	0.099	0.108	0.099

注：***、**、*分别表示在1%、5%、10%水平上统计显著，括号内是T值。

2. 传递介质行为的调节效应检验结果及分析

第一，表6.12中第（1）（3）列是媒体关注度高的组内回归结果，两类资产质量的系数均在1%的水平上显著为正，分别为0.289和0.260；第（2）（4）列是媒体关注度低的组内回归结果，两类资产质量系数均不显著且绝对值较小。因此，在媒体关注高的情况下，资产质量与股票收益率的正相关关系显著强于在媒体关注度低的情况下的关系，说明媒体作为信息传递中介发挥了良好的引导作用，其对企业的关注可以有效提升资产质量提供的信息含量水平，假设H6−2a得到验证。

表6.12 调节效应——媒体关注

变量	(1) MEDIA=1（高）	(2) MEDIA=0（低）	(3) MEDIA=1（高）	(4) MEDIA=0（低）
AQ	0.289*** (3.37)	0.105 (1.42)		
AQ1			0.260*** (3.00)	0.089 (1.20)
LTE	0.050 (0.08)	−1.582** (−2.48)	0.069 (0.11)	−1.598** (−2.51)
AGE	0.011 (0.11)	0.138 (1.35)	0.010 (0.10)	0.139 (1.36)
RISK	−2.839*** (−3.88)	−1.809*** (−3.23)	−2.919*** (−4.00)	−1.835*** (−3.28)
GROWTH	14.210*** (8.78)	10.794*** (7.56)	14.265*** (8.81)	10.820*** (7.58)
SOE	1.123 (0.90)	−1.497 (−1.33)	1.121 (0.90)	−1.512 (−1.34)
SHENJI	1.350 (1.16)	1.227 (1.23)	1.362 (1.17)	1.243 (1.25)
IND	控制	控制	控制	控制
YEAR	控制	控制	控制	控制
常数项	−22.197 (−1.62)	17.670 (1.26)	−21.156 (−1.55)	18.554 (1.33)
样本量	4515	5010	4515	5010
Adj_R^2	0.121	0.064	0.120	0.064

注：***、**、*分别表示在1％、5％、10％水平上统计显著，括号内是T值。

第二，对表6.13中关于分析师跟踪人数分组情况下的回归结果进行分析，发现在分师析跟踪度高的样本中［第（1）（3）列］，资产质量（AQ）和剔除盈利性和获现性后的资产质量（AQ1）系数分别在1％显著性水平上为0.269和0.235，企业资产质量的优劣可以有效地向市场传递信息。相反，在分析师跟踪不足的样本组中［第（2）（4）列］，两类资产质量的系数均没有通过显著性检验，说明在资产质量信息的传递中，分析师的信息引导作用必不可少，投资者对分析师跟踪这一行为是敏感的。对企业进行跟踪的分析师越多，企业资产质量的信息越能被投资者认知到，越有助于资产质量对股票价格变化的贡献效用，从而增强了企业资产质量的信息含量，假设

H6-2b 被验证。

表 6.13 调节效应——分析师跟踪

变量	(1) ANALYST=1 （多）	(2) ANALYST=0 （少）	(3) ANALYST=1 （多）	(4) ANALYST=0 （少）
AQ	0.269*** (3.27)	0.079 (1.04)		
AQ1			0.235*** (2.82)	0.073 (0.97)
LTE	−0.646 (−1.02)	−1.206* (−1.91)	−0.639 (−1.00)	−1.212* (−1.92)
AGE	0.051 (0.47)	0.170* (1.71)	0.051 (0.47)	0.170* (1.71)
RISK	−3.618*** (−3.97)	−1.270** (−2.52)	−3.734*** (−4.11)	−1.281** (−2.54)
GROWTH	19.264*** (11.82)	5.734*** (4.16)	19.317*** (11.85)	5.741*** (4.16)
SOE	−0.236 (−0.18)	−0.027 (−0.02)	−0.244 (−0.19)	−0.028 (−0.03)
SHENJI	1.170 (1.04)	1.372 (1.37)	1.189 (1.06)	1.377 (1.37)
IND	控制	控制	控制	控制
YEAR	控制	控制	控制	控制
常数项	−14.859 (−1.03)	16.966 (1.24)	−13.415 (−0.93)	17.373 (1.28)
样本量	4939	4586	4939	4586
Adj_R^2	0.145	0.0562	0.145	0.0562

注：***、**、*分别表示在1%、5%、10%水平上统计显著，括号内是 T 值。

第三，不同信息透明度下的分组回归结果如表 6.14 所示。第（1）（3）列中资产质量的系数都显著为正，但第（2）（4）列资产质量的系数并不显著。这说明对于信息透明度好的企业，资产质量信息可以有效地传递到市场影响股价趋势；但对于信息透明度差的企业，资产质量与企业的股票表现并无相关关系，不能被市场有效地识别。所以，企业是否按照监管部门的要求对信息进行及时、真实的披露，也是资产质量能否为投资者提供增量信息的重要影响因素。结果还证明了，监管部门对企业信息透明度的管理和评价是较为客观公正的,可以有效地引导投资者关注信息透明度高的企业,并依据资产质量信息进行投资决策。至此,本节假设 H6-2c 也得到了证实。

表 6.14 调节效应——信息透明度

变量	(1) OPACITY=1 (高)	(2) OPACITY=1 (低)	(3) OPACITY=1 (高)	(4) OPACITY=1 (低)
AQ	0.188** (2.57)	0.022 (0.09)		
AQ1			0.168** (2.28)	−0.009 (−0.04)
LTE	−0.715 (−1.19)	−3.834** (−1.99)	−0.716 (−1.19)	−3.839** (−2.00)
AGE	0.110 (1.16)	−0.194 (−0.68)	0.110 (1.16)	−0.195 (−0.68)
RISK	−1.874*** (−3.04)	−1.139 (−0.82)	−1.919*** (−3.12)	−1.166 (−0.84)
GROWTH	14.896*** (10.46)	2.783 (0.72)	14.921*** (10.48)	2.845 (0.73)
SOE	−0.095 (−0.08)	10.065** (2.35)	−0.096 (−0.08)	9.959** (2.32)
SHENJI	0.118 (0.12)	2.852 (0.86)	0.132 (0.13)	2.919 (0.89)
IND	控制	控制	控制	控制
YEAR	控制	控制	控制	控制
常数项	−7.070 (−0.53)	73.454* (1.72)	−6.095 (−0.46)	74.462* (1.75)
样本量	5765	560	5765	560
Adj_R^2	0.089	0.039	0.089	0.039

注:***、**、*分别表示在1%、5%、10%水平上统计显著,括号内是 T 值。

(四)稳健性检验

为保证结果的可靠性,我们做了如下稳健性检验:①将市场化进程重新划分,以上下四分位为界限,小于25%分位数的为市场化进程低组,大于75%分位数的为市场化进程高组;②将行业竞争度的 HHI 指数以资产规模为标准进行计算,之后按照四分位数区别,小于25%分位数的为行业竞争高组，大于75%分位数的为行业竞争低组；③按照上下四分位数对媒体关注的数量重新划分，大于75%分位数的为媒体关注高组，小于25%分位数的为媒体关注度低组；④以分析师发布的研究报告数量作为分析师跟踪的替代变量，高于中位数的为分析师跟踪多组，反之则为分析师跟踪少组；⑤以信息透明度评价结果为 A 的样本作为信息透明度高的组，为 D 的样本作为信息透明度低的组。针对以上变量的替换和分组，重新对模型（6-2）进行分组回归，结果如表6.15所示。可以发现与前文结果相比，结果并没有发生实质性变化。此外，我们还运用面板数据模型重新回归，结果依然与前文所述相近。因此，针对各影响因素对资产质量市场反应产生的具体调节机制，我们的结论是基本稳健的。

表 6.15 调节效应的稳健性检验结果

变量	(1)市场化进程高	(2)市场化进程低	(3)行业竞争度高	(4)行业竞争度低	(5)媒体关注高	(6)媒体关注低	(7)分析师跟踪多	(8)分析师跟踪少	(9)信息透明度高	(10)信息透明度低
AQ	−0.096 (−0.74)	0.221** (2.23)	0.117 (1.04)	0.183* (1.83)	0.324*** (2.72)	0.013 (0.13)	0.287*** (3.47)	0.064 (0.85)	0.217 (1.40)	−0.283 (−0.14)
LTE	−0.017 (−0.02)	1.249* (1.65)	−0.529 (−0.64)	0.730 (0.92)	−0.380 (−0.45)	−1.409 (−1.56)	−0.351 (−0.61)	−1.608** (−2.56)	0.428 (0.35)	−16.608 (−1.35)
AGE	−0.020 (−0.12)	−0.001 (−0.01)	0.020 (0.13)	0.175 (1.22)	−0.000 (−0.00)	0.241 (1.60)	0.061 (0.63)	0.164 (1.62)	−0.127 (−0.65)	−2.811 (−1.45)
RISK	−2.960*** (−2.97)	−2.016** (−2.40)	−2.079** (−2.09)	−3.549*** (−4.03)	−4.384*** (−4.20)	−2.191*** (−2.98)	−3.294*** (−3.65)	−1.386*** (−2.74)	−0.285 (−0.16)	2.734 (0.34)
GROWTH	12.097*** (4.96)	7.637*** (4.22)	16.248*** (7.51)	11.671*** (5.39)	12.477*** (5.44)	7.516*** (3.99)	19.438*** (11.90)	5.652*** (4.10)	25.492*** (7.83)	1.809 (0.07)
SOE	−0.697 (−0.32)	−1.089 (−0.72)	−1.521 (−0.95)	0.166 (0.10)	1.732 (0.99)	−2.526 (−1.55)	0.045 (0.04)	−0.226 (−0.21)	−1.194 (−0.48)	27.051 (0.98)
SHENJI	3.381* (1.87)	2.414* (1.65)	2.129 (1.43)	1.574 (1.02)	−1.210 (−0.72)	0.500 (0.35)	1.190 (1.06)	1.228 (1.22)	2.029 (0.94)	−31.993 (−1.30)
IND	控制	控制	控制	控制	控制	控制	控制	控制	控制	控制
YEAR	控制	控制	控制	控制	控制	控制	控制	控制	控制	控制
常数项	2.235 (0.11)	−30.502* (−1.81)	−22.745 (−0.96)	−41.747* (−1.82)	−7.945 (−0.41)	18.536 (0.94)	−23.450 (−1.62)	27.752** (2.04)	−47.275* (−1.70)	389.367 (1.21)
样本量	2409	2364	2390	2405	2332	2397	4936	4589	1482	48
Adj_R^2	0.098	0.089	0.172	0.088	0.132	0.054	0.145	0.056	0.133	0.08

注：***、**、* 分别表示在 1%、5%、10% 水平上统计显著，括号内是 T 值。

第三节　资产质量信息路径的传导机制
——基于中介效应

我国的资本市场尚处于不十分完善阶段，此时信号传递理论便有助于我们解决由信息不对称引起的一系列问题，例如道德风险和逆向选择等（谭劲松等，2010）。当一个信息向市场释放的是好信号时，股票价格会有正向反应，反之股票价格则出现负向反应。资产质量并非如会计数据一般明显和直观呈现，所以这一信息在市场中的传递很可能依赖于其他中间渠道，其中的传导机制是怎样的呢？本节就通过探索资产质量信息传递的传导路径来解答这一问题。

一、理论分析与假设提出

管理学研究者认为，信号的有效传递依赖于信息接收者的特征（Gulati & Higgin，2003；黄静等，2016；等等）。那么资本市场中投资者的异质性——理性投资者和非理性投资者识别信息的路径和方法会决定信息能否顺利传递至市场并具有信息含量。理性投资者通过直接解读企业财务信息来判断企业当前的经营状况和未来发展前景，以此决定投资与否；而非理性投资者由于缺乏专业知识和分析能力，通常采取保守的投资方法，即随波逐流或者搭便车，至少能实现次优选择。总体来说，投资者要么通过资产质量所能体现的企业特质，要么通过跟随理性投资者的行为这两种途径进行投资决策。因此，本书选择从企业特质和理性投资者行为两个层面对资产质量的信息传导路径展开论证。

（一）基于企业特质的传导路径分析

反映企业特质的变量比较多，但是要将视角同时关联到企业资产质量和股票收益率，则要考虑投资者对资产质量所传递的哪些信号较为敏感。结合资产的本质——预期为企业带来经济利益，资产质量应该既能够反映出企业的盈利质量，也能够反映出企业自身的成长性，而这些指标都是投资者重点关注的指标，因此，我们选择盈利质量和成长性作为企业特质层面的中介变量。

1. **资产质量、盈利质量与股票累计超额收益率**

资产质量对企业最为直接的影响即是盈利结果。资产质量不仅正向影响公司的盈利水平（费明群和干胜道，2004），还与企业的盈利持续性（宋献中和高志文，2001）和每股净利润等企业绩效密切相关（李嘉明和李松敏，2005）。随着研究的深入，余新培（2003）提出资产质量和收益质量才是准确判断企业财务状况和经营成果更可靠的证据。此后，资产质量与盈利的关系深入对盈利质量的影响研究。闫绪奇和高雨（2018）发现上市公司以虚拟资产比例来衡量的资产质量越低，盈利的预测性和持续性越低；张志宏和孙青（2016）发现资产质量越高，盈利持续性、应计质量及盈利可实现性均越好，即盈利质量也越高。事实上，资产质量的各个方面都可能对盈利质量产生影响。例如，合理安排流动资产与固定资产、投资性资产与经营性资产等，才可能使资产的各项功能有效发挥，实现整体效用最大化，否则会出现，某项质量特征缺失导致的"多米诺效应"。总资产及各单项资产的周转性，例如存货和应收账款的周转率下降，可能预示着企业的产品市场和销售能力出现问题，最终影响盈利水平和可持续经营。

部分企业会选择盈余管理来达到上市要求或避免盈余下降（Wu，2011），所以相比盈利水平，盈利质量对理性判断企业状况并进行投资决策更为靠。国内外研究已证实盈利质量对企业资本成本的影响要强于盈余指标（Francis 等，2004），与企业市场价值和股票回报率也呈显著的正相关关系（Gaio&Raposo，2011；肖华和张国清，2013；张志宏和孙青，2016；Chan 等，2006；等等）。那么，承接以上的逻辑，当公司盈利质量好时，说明管理层的盈余操纵程度较低，盈利指标的真实性和可靠性较高，可增强投资者的信心，从而吸引更多的外部投资者，推高股票价格。综上所述，本书认为资产质量可以释放企业的盈利质量的信号，进而影响资本市场上股票累计超额收益率，体现信息含量，故提出如下假设：

H6-3a：盈利质量是资产质量向市场传递信息的传导路径之一。

2. **资产质量、企业成长性与股票累计超额收益率**

资产质量除了影响企业盈利状况以外，长期来看，还预示着企业的成长潜力。资产质量的各项特征都可能对企业的成长性产生影响，例如早在1977 年，Myers 便认为公司在有负债时会产生投资不足的问题，减缓公司的成长。进一步有学者提出在企业业绩良好时，财务杠杆有助于企业成长；反之在业绩较差时，财务杠杆会抑制企业成长（吕长江等，2006）。这说明资产与负债的比例合理与否，即资产安全性影响了企业成长性。亦有研究指出，资产的盈利能力和运营能力与企业的可持续增长正相关（刘斌等，2003）；资产周转率，包括存货周转率和应收账款周转率的提升预示企业良好的成长性（王怀明等，2007）；固定资产比例与企业成长性呈反比（徐妤，2008）等。以上研究结论从各方面支持了资产质量越好企业成长性越好的观点。

投资者投资于某公司的股票，实际上是投资该公司的未来（岑成德，2002），股票定价模型也显示投资者对股票价格的预期是基于企业预期的现金流和风险，成长性越好，未来的现金流越多，抵抗风险的能力越强，所以从某一程度上来说，企业成长性是比当期盈利本身更为重要的信号，例如大股东对公司股票的买卖决策大部分依据对企业成长性的判断（刘睿智和韩京芳，2010）。其他投资者也是如此，当他们意识到企业良好的发展前景时，会选择买入股票，推动股票价格的上升，从而提高股票的超额收益率。至此，我们可以提出如下假设：

H6-3b：企业成长性是资产质量向市场传递信息的传导路径之一。

（二）基于理性决策者的传导路径分析

根据价值相关理论，在理性投资者的参与下，股票价格能够有效地反映企业信息（Landsman等，2012），所以企业资产质量在市场中的另一条传导路径应该是市场中理性投资者行为的引导作用。典型的理性投资者以证券分析师和机构投资者为代表，认为他们具有专业的分析能力和信息优势，是除内部人之外对企业内在价值最有判断力的群体，大部分投资者都较为信任他们的分析结果或决策行为，因此我们相信分析师和机构投资者的行为可以给其他投资者一定的引导，从而影响某企业股票的走势。基于行为可观察性的前提，本节选择从分析师评级和机构投资者持股比例两方面探讨资产质量的信息传导路径。

1. 资产质量、分析师评级与股票累计超额收益率

分析师是活跃于市场中的重要信息中介（黄霖华和曲晓辉，2014等）。他们依托于专业的财务知识和科学的决策方法论，通过对上市公司的财务报告、披露信息等公开数据进行挖掘和分析，并辅之以与企业内部人的沟通、实地走访等形式，最终形成评级报告等具有指导意义的成果对外公布（方军雄等，2018），向投资者传递企业投资价值等信号。大量文献已证实，分析师评级活动具有显著的信息含量，可以影响公司股票的价格变化或收益率（Jegadeesh等，2004；Frankel等，2006；曹胜和朱红军，2011；潘越等，2011；马松和潘珊，2013；等等），说明分析师评级是一种有效的市场信号，

当投资者及时跟随分析师的推荐评级进行投资时，他们确实可以获得正向的超额收益（Hobbs&Singh，2015；Simon&Nowland，2015；汪弘等，2013；等等）。

既然分析师评级已经成为部分投资者做出投资决策的风向标，具有一定的预测价值（郭艳红等，2019），那么企业资产质量应该是可以通过分析师评级这一途径得以反映的。因为企业资产质量的评价结果并非直接指标，对它的正确认识需要一定的知识积累和经验基础，而分析师具备这种的优势，他们依据对企业财务报表分析和其他信息的整合，形成买入、增持、维持、减持和卖出的评级结果为投资者提供参考；而非理性投资者缺乏这种能力和认知，跟踪分析师的推荐进行投资操作以获得超额收益成为其明智之举，所以可以推测分析师评级发挥了企业资产质量和股票累计超额收益率中介传导作用。我们提出如下假设：

H6-4a：分析师评级是资产质量向市场传递信息的传导路径之一。

2. 资产质量、机构投资者持股比例与股票累计超额收益率

近30年来，随着我国证券市场规模的扩大和制度的完善，机构投资者已经成为资本市场的主要投资者群体之一，其所持A股比例从2000年的0.687%上升至2015年的64.220%，所以机构投资者在资本市场中发挥的作用日益突出，对股票价格的影响不容小觑（李寿喜和黄攀，2018）。类似于分析师，机构投资者因其更多的信息渠道和分析能力，成为市场交易中的知情者和理性投资者（侯宇和叶冬艳，2008）。他们根据信息进行交易，进而向市场传递出企业信息，使这部分信息反映到股价中（Chakravarty，2001）。

延续以上思路，机构投资者比其他投资者更为客观全面地了解企业内部信息，可以敏锐地意识到企业资产质量的重要性，甄别企业资产质量的好坏，并依此调整其对公司股票的持有策略。同时，金融市场非理性投资者存在明显的"羊群行为"（Herd Behavior），他们在信息不确定或不对称的情形下，行为很有可能会受到机构投资者的影响，模仿机构投资者进行决策（黄革和李林，2011），最终影响股票价格趋势，使资产质量信息在股价中得以反应。因此，当机构投资者认为公司资产质量好而增持公司股票时，其他投资者也会跟随买入，推高股价；当机构投资者认为公司资产质量不良而减持公司股票时，其他投资者可能随之抛售，拉低股价，即企业资产质量信息可以通过机构投资者的持股行为这一途径传递到股票价格中。假设如下：

H6-4b：机构投资者持股是资产质量向市场传递信息的传导路径之一。

二、研究设计

(一) 数据与变量说明

本节研究的是各个变量对第五章中主要结果的中介效应,所以样本数据处理、主要的被解释变量、解释变量和控制变量等均保持不变,在此仅对各中介变量进行介绍。

(1) 盈利质量(EQ):参考 Klein(2002)、Givoly 等(2010)和国内学者谢德仁和汤晓燕(2012)等的方法,采用应计盈余作为盈利质量的代理变量,并运用修正的 Jones 模型对应计盈余进行估算,具体公式如下:

$$\frac{TA_{i,t}}{Asset_{i,t-1}} = \alpha_1 \frac{1}{Asset_{i,t-1}} + \alpha_2 \frac{\Delta REV_{i,t}}{Asset_{i,t-1}} + \alpha_3 \frac{PPE_{i,t}}{Asste_{i,t-1}} + \varepsilon \quad (6-3)$$

$$DA_{i,t} = \frac{TA_{i,t}}{Asset_{i,t-1}} - \left(\alpha_1 \frac{1}{Asset_{i,t-1}} + \alpha_2 \frac{\Delta REV_{i,t} - \Delta REC_{i,t}}{Asset_{i,t-1}} + \alpha_3 \frac{PPE_{i,t}}{Asste_{i,t-1}}\right)$$

$$(6-4)$$

其中,$TA_{i,t}$ 是上市公司 i 第 t 年的总应计利润,$Asset_{i,t-1}$ 是上市公司 i 第 $t-1$ 年的期末总资产,$\Delta REV_{i,t}$ 是上市公司 i 第 $t-1$ 年至第 t 年主营业务收入的变动额,$PPE_{i,t}$ 是上市公司 i 第 t 年的期末固定资产原值,$\Delta REC_{i,t}$ 是上市公司 i 第 $t-1$ 年至第 t 年应收账款的变动额。

首先,我们分年度分行业对式(6-3)进行回归得到估计的回归参数;其次,将这些参数代入式(6-4),得到可操纵性应计盈余,即 $DA_{i,t}$;最后,运用式(6-5),将应计盈余取绝对值作为盈利质量 $EQ_{i,t}$ 的变量,绝对值越大,盈利质量则越低。

$$EQ_{i,t} = |DA_{i,t}| \quad (6-5)$$

(2) 企业成长性(GROWTH):沿用现有文献的普遍做法,采用企业年营业收入的增长率作为企业成长性的衡量。

(3) 分析师评级(RATING):根据分析师的年度综合评级平均数计算而得,买入赋值5、增持赋值4、维持赋值3、减持赋值2、卖出赋值1,即分析师对企业越看好,对其股票的评级越高。

(4) 机构投资者持股比例(INSTITUTION):所有机构投资者当年所持有股份占企业发行在外股份的比例。

各变量的详述见表 6.16。

表 6.16 中介变量定义表

变量类型	变量名称	变量符号	变量说明
中介变量	盈利质量	EQ	根据修正的 Jones 模型计算的应计盈余,取绝对值,绝对值越小,盈利质量越好。
	企业成长性	GROWTH	企业当年营业收入/企业前一年营业收入。
	分析师评级	RATING	买入:5。增持:4。维持:3。减持:2。卖出:1。分析师对企业越看好,对其股票的评级越高。
	机构投资者持股比例	INSTITUTION	年末机构投资者持股数量/年末总股本。

注:被解释变量、解释变量和控制变量的说明详见表6.1,此表不再重复。

(二) 模型设计

如前文所述,资产质量通过盈利质量、成长性、分析师评级和机构投资者持股比例四条可能的路径向市场和投资者传递信息。借鉴中介效应检验的经典文献(Baron & Kenny,1986;温忠麟等,2004),构建适应本书研究的中介效应模型如下式(6-6)至(6-8):

$$RET_{i,t} = \alpha_0 + \alpha_1 AQ_{i,t} + \alpha_2 LTE_{i,t} + \alpha_3 AGE_{i,t} + \alpha_4 RISK_{i,t} + \alpha_5 GROWTH_{i,t} + \alpha_6 SOE_{i,t} + \alpha_7 SHENJI_{i,t} + \sum IND + \sum YEAR + \varepsilon \quad (6-6)$$

$$MEDIATOR_{i,t} = \beta_0 + \beta_1 AQ_{i,t} + \beta_2 LTE_{i,t} + \beta_3 AGE_{i,t} + \beta_4 RISK_{i,t} + \beta_5 GROWTH_{i,t} + \beta_6 SOE_{i,t} + \beta_7 SHENJI_{i,t} + \sum IND + \sum YEAR + \varepsilon \quad (6-7)$$

$$RET_{i,t} = \gamma_0 + \gamma_1 AQ_{i,t} + \gamma_2 MEDIATOR + \gamma_3 LTE_{i,t} + \gamma_4 AGE_{i,t} + \gamma_5 RISK_{i,t} + \gamma_6 GROWTH_{i,t} + \gamma_7 SOE_{i,t} + \gamma_8 SHENJI_{i,t} + \sum IND + \sum YEAR + \varepsilon \quad (6-8)$$

其中,MEDIATOR 是指各中介变量,包括 EQ、GROWTH、RATING 和 INSTITUTION。

具体检验步骤如下:①检验模型(6-6)中解释变量资产质量(AQ)的系数 α_1 是否显著,该系数显著是中介效应成立的基础,若显著,则继续后续步骤,否则停止检验。②进一步检验模型(6-7)中资产质量(AQ)的系数 β_1 是否显著,即资产质量是否对中介变量存在作用。③若 β_1 显著,则继续按模型(6-8)进行回归,检验资产质量(AQ)的系数 γ_1 和中介变量（MEDIATOR）的系数 γ_2。若 γ_1 不显著而 γ_2 显著，则表明存在完全中介效应；若两者均显著，则表明存在部分中介效应。

三、实证结果与分析

（一）描述性统计

各中介变量的描述性统计结果如表 6.17 所示，盈利质量（EQ）的均值为 0.051，说明平均有 5% 的盈余属于操纵性应计盈余。成长性（GROWTH）的均值为 1.324，即平均而言，营业收入呈增长趋势，当年营业收入比上一年增长 32.4%；25% 分位数大于 1，表明大部分企业实现了营业收入金额增长。分析师评级（RATING）均值为 4.339，25% 分位数即为 4，意味着分析师评级的分布并不均匀，绝大多数分析师对股票持乐观态度。机构投资者持股比例（INSTITUTION）均值为 36.87，说明整体上机构投资者所持股份占全部发行在外股份的 36.87%，所占份额近年来得到了显著提高，机构投资者成为资本市场的主要力量之一。

表 6.17　中介变量的描述性统计结果

变量	平均值（mean）	标准差（sd）	最小值（min）	25%分位数（p25）	中位数（p50）	75%分位数（p75）	最大值（max）
EQ	0.051	0.057	0.000	0.017	0.036	0.067	2.351
GROWTH	1.324	4.640	0.118	1.020	1.141	1.297	430.000
RATING	4.339	0.568	2.000	4.000	4.000	5.000	5.000
INSTITUTION	36.870	22.840	0.084	16.950	37.500	54.730	85.100

注：数值保留到小数点后三位。

（二）回归结果与分析

1. 企业特质的传导机制结果与分析

表 6.18 是以盈利质量为中介变量的回归结果。在第（1）列中以模型（6-6）回归，资产质量的系数显著为正，但是在第二阶段的回归中，如第（2）列所示，资产质量的系数并不显著，加之在第三阶段的回归中，如第（3）列所示，盈利质量系数亦不显著，说明在应计盈余质量的衡量方法下，资产质量通过盈利质量影响股票累计超额报酬率的传导路径并不明显，假设

H6-3a 不成立。究其原因，可能系盈利质量的计量需要结合行业的横向比较与时间的纵向联系，考虑的因素较为复杂，指标较为隐蔽，可理解性较弱，而投资者多为"有限理性"，对应计盈利质量的判断并不准确等（边泓，2011）。

表6.18 中介效应——盈利质量

变量	(1) RET	(2) EQ	(3) RET
AQ	0.186*** (3.20)	0.010 (1.24)	0.185*** (3.18)
EQ			0.099 (1.26)
LTE	−0.191 (−0.45)	−0.217*** (−3.82)	−0.169 (−0.40)
AGE	0.119 (1.56)	0.010 (1.01)	0.118 (1.55)
RISK	−2.007*** (−4.34)	−0.286*** (−4.61)	−1.979*** (−4.27)
GROWTH	14.081*** (12.32)	1.971*** (12.86)	13.887*** (12.04)
SOE	−0.193 (−0.23)	0.024 (0.21)	−0.195 (−0.23)
SHENJI	0.892 (1.15)	−0.344*** (−3.32)	0.926 (1.20)
IND	控制	控制	控制
YEAR	控制	控制	控制
常数项	−16.476* (−1.74)	8.617*** (6.80)	−17.329* (−1.83)
样本量	9063	9063	9063
Adj_R^2	0.0914	0.0462	0.0914

注：***、**、*分别表示在1%、5%、10%水平上统计显著，括号内是T值。

以企业成长性为中介变量的三阶段中介效应检验结果如表6.19所示。第（1）列中资产质量的系数显著为正，说明中介效应的基础是存在的。第（2）列考察资产质量对企业成长性的影响，系数在1%水平上显著为正，说明资产质量越好，企业成长性越高，这与大多数的研究结论相近。第（3）

列中同时考虑解释变量（资产质量）、中介变量（企业成长性）对被解释变量（股票累计超额收益率）的作用，结果显示资产质量与成长性的系数均显著为正，且相较第一阶段，资产质量的系数有所下降，结合我们进一步进行的中介效应 SOBEL 检验，SOBEL 的 Z 统计量为 7.505 且在 1% 水平上显著，中介作用的比例为 25.37%，说明企业成长性在资产质量与股票累计超额收益率之间确实发挥了部分中介效应，支持了"资产质量—企业成长性—股票累计超额收益率"的传导路径，假设 H6-3b 成立。

表 6.19 中介效应——企业成长性

变量	(1) RET	(2) GROWTH	(3) RET
AQ	0.257*** (4.61)	0.005*** (9.75)	0.192*** (3.45)
GROWTH			12.620*** (11.75)
LTE	0.072 (0.17)	0.020*** (5.03)	−0.178 (−0.43)
AGE	0.088 (1.18)	−0.000 (−0.34)	0.091 (1.23)
RISK	−2.786*** (−6.21)	−0.051*** (−11.94)	−2.144*** (−4.78)
SOE	−0.774 (−0.92)	−0.039*** (−4.87)	−0.282 (−0.34)
SHENJI	1.246 (1.63)	0.002 (0.28)	1.220 (1.60)
IND	控制	控制	控制
YEAR	控制	控制	控制
常数项	−3.638 (−0.39)	0.852*** (9.68)	−14.388 (−1.56)
样本量	9525	9525	9525
Adj_R^2	0.0732	0.0798	0.0865
SOBEL Z	7.505	SOBEL P	0.000
PERCENT		25.37%	

注：***、**、* 分别表示在 1%、5%、10% 水平上统计显著，括号内是 T 值。

2. 理性决策者行为的传导机制结果与分析

分析师评级作为中介变量的中介效应检验如表6.20所示。第(1)列中资产质量系数为0.267，且在1%水平上显著，中介效应的前提成立。第(2)列中资产质量的系数显著为正，表明企业资产质量的好坏与分析师评级是正相关的。第(3)列中资产质量系数显著为正，且较第(1)列有所下降，原因是分析师评级对股票累计超额收益率也发挥了作用，分析师评级的系数在1%水平上显著为正。结合SOBEL检验的结果，SOBEL的Z统计量为1.993并通过5%的显著性检验，中介效应的比例为5.65%，可以认为分析师评级在资产质量信息传递中存在部分中介作用，即"资产质量—分析师评级—股票累计超额收益率"的路径成立，假设H6-4a被证实。

表6.20 中介效应——分析师评级

变量	(1) RET	(2) RATING	(3) RET
AQ	0.267*** (3.99)	0.002** (2.04)	0.252*** (3.79)
RATING			7.390*** (9.51)
LTE	−1.272** (−2.52)	0.082*** (10.83)	−1.877*** (−3.71)
AGE	0.121 (1.37)	0.001 (0.57)	0.116 (1.32)
RISK	−2.704*** (−4.29)	−0.102*** (−10.84)	−1.948*** (−3.08)
GROWTH	15.811*** (12.30)	0.166*** (8.64)	14.583*** (11.35)
SOE	−0.877 (−0.87)	−0.064*** (−4.24)	−0.404 (−0.40)
SHENJI	1.453 (1.61)	−0.006 (−0.43)	1.497* (1.67)
IND	控制	控制	控制
YEAR	控制	控制	控制
常数项	3.228 (0.29)	2.440*** (14.55)	−14.804 (−1.31)
样本量	7350	7350	7350

续表

变量	(1)	(2)	(3)
	RET	RATING	RET
Adj_R^2	0.105	0.141	0.116
SOBEL Z	1.993	SOBEL P	0.046
PERCENT		5.65%	

注：***、**、*分别表示在1%、5%、10%水平上统计显著，括号内是T值。

机构投资者持股比例的中介作用检验结果如表6.21所示。第（1）列中资产质量的系数在1%水平上显著为正，第（2）列中资产质量的系数也显著为正，说明资产质量越好，机构投资者持股比例则越高，与我们的预期相符。第（3）列中，资产质量与机构投资者持股比例的系数均显著为正，且资产质量的系数较第（1）列有所下降，表明部分股票累计超额收益率的变动系由机构投资者持股比例所致。SOBEL检验的Z统计量为3.02，通过了1%的显著性检验，且中介作用的比例为10.21%，证明机构投资者在资产质量市场反应这一过程中的确起到部分中介效应，路径"资产质量—机构投资者持股比例—股票累计超额报酬率"的逻辑成立，假设H6-4b被验证。

表6.21 中介效应——机构投资者持股比例

变量	(1)	(2)	(3)
	RET	INSTITUTION	RET
AQ	0.190*** (3.40)	0.105*** (3.15)	0.171*** (3.07)
INSTITUTION			0.185*** (10.79)
LTE	−0.174 (−0.42)	7.289*** (29.56)	−1.523*** (−3.54)
AGE	0.090 (1.22)	0.018 (0.41)	0.087 (1.18)
RISK	−2.178*** (−4.85)	−0.645** (−2.41)	−2.058*** (−4.61)
GROWTH	12.620*** (11.74)	0.486 (0.76)	12.530*** (11.73)
SOE	−0.303 (−0.36)	13.686*** (27.38)	−2.836*** (−3.28)

续表

变量	(1)	(2)	(3)
	RET	INSTITUTION	RET
SHENJI	1.219 (1.60)	0.094 (0.21)	1.202 (1.59)
IND	控制	控制	控制
YEAR	控制	控制	控制
常数项	−14.294 (−1.54)	−117.521*** (−21.27)	7.456 (0.79)
Observations	9491	9491	9491
Adj_R^2	0.0859	0.225	0.0969
SOBEL Z	3.02	SOBEL P	0.002
PERCENT	10.21%		

注：***、**、*分别表示在1%、5%、10%水平上统计显著，括号内是 T 值。

综上，基于市场理性决策者行为——分析师评级和机构投资者持股作为中介因素的资产质量市场反应传导路径成立；而基于企业自身特质作为中介变量的检验中，只有企业成长性可以成为资产质量市场反应的传导路径之一，盈利质量则没有通过检验。根据各中介效应的 SOBEL 检验，企业成长性的中介作用最强，占比达到25.37%；次之是机构投资者持股比例，比例为10.21%；最后是分析师评级，比例仅为5.65%。这说明资产质量在向市场传递信息的过程中，主要仍是依赖于自身特质信号，即投资者通过资产质量考察企业成长性和未来发展是其投资决策的主要方式；而机构投资者持股和分析师评级作为信息中介发挥的引导作用相对有限，今后仍有较大的提升空间。

第四节　本章小结

本章运用2010—2018年中国制造业上市公司的数据，对企业资产质量的信息传递机制进行探讨和检验，主要包括发挥调节效应的影响机制和发挥中介效应的路径机制，得到了一些重要结论，对于提升资产质量的市场信息含量有一定的借鉴意义。

首先，通过信号传递理论的分析，我们从信息环境和传递介质行为两个层面考察不同因素对资产质量信息含量水平的影响，即调节效应，结论如下：就信息环境而言，企业所处的市场化环境越好、行业竞争度越强，其资产质量的信息含量越低；国有和非国有制度背景的企业资产质量均有积极显著的信息含量，股权性质的调节作用不明显。就传递介质行为而言，媒体关注可以正向调节资产质量的信息含量水平；分析师跟踪也有助于资产质量更为充分地形成股价反应，提高信息传递效率；证券监管机构发布的公司透明度评价越好，说明企业的信息披露越符合监管要求，便越能增强资产质量与股价变动的相关程度。

其次，通过投资者决策依据的分析，我们从资产质量体现的企业自身特质以及市场中理性决策者的行为引导两方面对资产质量的信息传导路径进行剖析，并构建中介效应模型进行检验，结论如下：企业特质中，以盈利质量作为中介变量的路径检验并不成立，原因可能在于盈利质量指标的隐晦性使投资者无法有效识别；以自身成长性作为中介路径的资产质量信息传递可以通过检验。理性决策者行为的引导作用中，分析师评级和机构投资者持股均在资产质量与股票累计超额收益率之间发挥了部分中介作用，可以成为资产质量向市场传递信息的有效路径。

再次，比较各项检验结果，我们进一步发现，信息环境发挥的调节效应并不理想，因为市场化程度越高、行业竞争程度越强，资产质量的信息含量反而越不充分，这与理想的外部环境治理作用相悖，说明我国外部市场的发展尚不完善，提供的信息传递环境亟待进一步优化；信息传递介质的调节效应与预期一致，意味着媒体、分析师和监管机构对信息传递的影响是显著的，欲提高企业资产质量的市场效率，强化媒体引导、分析师跟踪和信息透明度的监管是切实可行的措施。在传导路径的考察中，企业成长性的中介作用比例最高，达到25.37%，而机构投资者持股和分析师评级的中介作用比例仅为10.21%和5.65%，说明企业自身的发展前景仍是投资者最为关注的因素。机构投资者和分析师作为理性决策者，其行为对投资者决策有一定的引导作用，但贡献度有限，即市场中机构投资者和分析师承担的信息传递功用仍有较大的提升空间。

综上，本章研究深化了企业通过资产质量与市场形成互动机制的理论指导，为提升资产质量的信息含量、推进资本市场健康发展、优化微观信息效用和外部资源配置等提供了现实参考途径，具有一定的理论意义和实践价值。

第七章　研究结论与建议

本章是对前文研究的总体回顾。首先，根据研究思路和研究内容对各章节的主要结论进行全面梳理，以使全书呈现出更强的逻辑性与连贯性。其次，在已有结论的基础上，进一步提出重视并提升资产质量、优化资产质量信息传递机制的相应政策建议。最后，对本书存在的不足之处和未来研究方向进行探讨。

第一节　主要研究结论

本书围绕"中国制造业上市公司资产质量及其信息含量"这一主题展开了递进式的研究安排，即每一章的研究内容是在前一章研究结论的基础上进行的。因此，本书主要研究结论依次为中国制造业上市公司资产质量评价、资产质量的影响因素、资产质量的信息含量、资产质量的信息传递机制等。

一、制造业上市公司资产质量评价的结论

通过对已有文献的梳理、资产本质的理解及我国国有企业资产质量提出历程的认识，第三章以资产质量的概念、资产质量的特征、资产质量的分类和评价体系的构建等多方面为要素，形成了资产质量的理论框架。具体地，对资产质量的内涵进行了重新的定义：资产实际发挥的效用对企业预期要求的满足，包括对资产带来经济利益的总量、方式和效率等是否能够满足企业要求、具体满足程度多少的考察。依据资产发挥效用时所体现的运行规律和质量特性，将资产质量从六个质量特征方面进行分析，即盈利性、获现性、存在性、周转性、发展性和安全性，以此作为制造业上市公司资产质量评价体系的基础，并结合系统性、相关性、可比性的构建原则，构建出较为科学

和全面体现制造业上市公司资产质量的评价体系。

在评价体系形成的基础上，第四章通过指标的描述性统计，对我国制造业上市公司的资产质量现状和趋势进行了分析，发现资产质量的现状并不理想，其中获现性和周转性的状况较差，存在性和安全性的表现则相对稳定。时间趋势上，除安全性有所上升，存在性保持稳定之外，盈利性、获现性、周转性和发展性等指标均有不同程度和形式的下降。运用熵值法计算出资产质量指数和分项资产质量特征指数后，得到的结论与指标分析基本一致，说明本书选取的熵值法是可靠的。资产质量的现状与变化趋势，与国内外宏观经济形势紧张，微观企业经营面临困境，政府落实"去杠杆"调控措施等存在一定的耦合度。

二、制造业上市公司资产质量的信息含量

第五章运用股票收益模型，通过考察资产质量与股票累计超额收益率的关系来论证资产质量是否具有信息含量这一重要问题。主要结论如下：①资产质量指数与公司的股票超额收益率和年报公布月份股票价格都具有显著的正相关性，证明了企业资产质量对资本市场而言具有一定的信息含量，正确地认识资产质量的重要性，客观深入地分析企业的资产质量，有助于投资者理性地做出投资决策，形成市场效应，从而优化资本市场的资源配置。同时也说明，构建科学的资产质量评价体系是具有重要的理论和实践意义的。②在将资产质量细分为各项质量特征之后，分别检验各项资产质量特征的信息含量，以探究不同层面资产质量财务信息在市场中的有效性。回归结果显示，在其他因素不变的情况下，盈利性、获现性、存在性和周转性确实能向市场提供不同程度的信息含量。但结合 F-test 对回归系数的差异检验和 Vuong-test 对模型解释力度的判断，发现盈利性特征与股票累计超额收益率的相关度最为明显；其次是获现性特征；存在性、周转性特征虽具有一定程度的市场相关性，然而对公司资本市场表现的解释能力非常有限。也就是说在考虑盈利性和获现性特征的前提下，无法提供有价值的增量信息。发展性特征的信息含量不稳定，这可能与投资者对企业规模扩张的态度不一致有关。安全性特征的信息含量在多数情况下并不明显。③进一步将资产质量划分为高、低两组，深化资产质量信息含量的研究，结果表明，在拥有高资产质量的企业中，资产质量与股票累计超额收益率正相关，有积极的信息含量，这与我们的主结论一致；然而在拥有低资产质量的企业中，资产质量这一重要财务信息不仅没有体现在股票收益率中，反而有扭曲股价的可能性，

此时资产质量不具有信息含量。

以上研究结论意味着资产质量的信息识别存在整体有效、部分低效的问题，资产质量信息传递并形成市场反应的过程并非完善。

三、影响制造业上市公司资产质量信息含量的因素

在第六章第一部分，在信息不对称和信号传递理论的指导下，从信息环境和传递介质行为两个层面考察不同因素对资产质量信息含量的影响作用，即调节效应的研究，结论如下：①就信息环境而言，企业所在地区的市场化进程越好，所处行业的竞争度越强，其资产质量的信息含量水平越低；而国有与非国有的制度背景差别对资产质量信息含量的影响作用并不明显。环境因素的实际调节作用与理想状态有所出入，说明我国外部治理环境和制度背景发挥的补充治理作用并不明显，有待外部环境的完善和制度改革的深化。②就传递介质行为而言，媒体关注可以正向调节资产质量的信息含量水平；分析师跟踪也有助于增加资产质量的信息含量，提高信息传递效率；证券监管机构对公司透明度的评价结果越好，说明企业的信息披露越符合监管要求，便越能增强资产质量与股票累计超额收益率之间的相关程度。可见，在资产质量信息传递的过程中，媒体、分析师和监管机构的积极行为对资产质量信息含量的影响是正向显著的，欲提高企业资产质量的市场信息效率，强化媒体引导、分析师跟踪和信息透明度的监管是切实可行的措施。

四、制造业上市公司资产质量信息传递的中间路径

在第六章第二部分，通过投资者决策路径的可能性分析，从资产质量释放的企业自身特质以及市场中理性决策者的行为引导两方面对企业资产质量信息传递的中间传导路径进行剖析，并构建中介效应模型进行检验，结论如下：①企业特质中，以盈利质量作为中介变量的路径检验并不成立，原因可能在于盈利质量指标的隐晦性使投资者无法有效识别；以自身成长性作为中介路径的资产质量信息传递可以通过检验，且其所发挥的中介效应比例较大，达到了25.37%，说明资产质量仍为释放企业成长性的信号为主要途径，来引导投资者的决策和行为。②对于理性决策者行为引导的中介效应检验结果显示，分析师评级和机构投资者持股均在资产质量与股票累计超额收益率之间发挥了部分中介作用，虽然也可以成为资产质量向市场传递信息的有效路径，但比例仅为10.21%和5.65%，贡献度有限，也就是说市场中机

构投资者和分析师所发挥的信息传递作用依然存在较大的提升空间。

第二节 管理建议

总结以上研究内容和结论，可知在中国情境下，制造业上市公司的资产质量、资产质量的信息含量和传递机制等方面仍然存在着诸多问题，现实与理论的差距、整体与局部的矛盾虽然明显，但也无疑为我们在实践中认知问题、解决问题提供了方向和思路。由此形成理论指导实践，实践反馈于理论的良性循环。

提出有效可行的管理建议，包括三个重要的步骤：一是明确管理目标，二是落实管理行为主体，三是具体管理行为内容。这样的建议安排有助于不同层级各司其职、共识协作、解决问题，达到本书研究的实践效果。

一、明确管理目标

通过对研究结论的梳理和分析，可以发现当前中国制造业上市公司的资产质量水平不高、资产质量的信息含量虽整体有效但局部低效、信息传递的机制也存在不完善之处等。据此，我们提出如下主要的管理目标：①优化我国各类企业的资产质量状况；②全面提升资产质量在资本市场中的信息含量，改善其信息传递的机制。

二、落实管理行为主体

实现以上管理目标，并非一书之言、一己之力可行，需要各级组织和人员的努力，而企业资产质量的研究小至关系到企业自身运营和各利益相关者的切身利益，中至关系到整个资本市场的健康，大至关系到国家宏观经济的运行。因此，管理行为主体的落实包括但不限于政府和监管机构、市场中的投资者和分析师、企业及利益相关者等。

三、具体管理行为内容

管理行为主体如何实现管理目标需要具体行为内容的实践作用，针对不同行为主体的权责划分和能力所及，提出切实可行的各级行为内容。

（一）政府和监管机构层面的管理行为建议

一国经济的发展离不开顶层设计的指导。在经济"新常态"的趋势下，我国政府准确提出经济高质量发展的要求，并施行了部分促进经济高质量发展的政策和措施，对于企业转变经营观念、重视内部质量具有良好的促进作用。供给侧改革和减税降费等措施在调整企业产能结构、谋划战略发展、缓解财务负担等方面已显有成效，所以，在引导企业提升资产质量方面，建议政府持续加强政策引导、细化政策范围和条例，有的放矢地解决当前企业所遇到的实际资产质量问题。例如，可考虑将企业资产质量的考核范围从国有企业扩展至一般上市公司，扩大资产质量这一重要信息的应用领域；持续深化国有企业改革，提高国有企业公司治理和决策行为的科学性，切实减少国有企业长期存在的资产闲置、资产侵占等问题；落实企业信用制度，构建信用商业环境，减少信用摩擦导致的资产周转不良等情况。

除政策引导外，监管是政府的另一重要职能，即强制性地规范企业资产质量管理、资产质量信息传递、资本市场活动等系列流程。在提升企业资产质量水平方面，建议政府下属的会计、审计等专业机构通过制度的健全和严厉的监管措施来督促各级部门强化对企业资产质量的监管，制度上主要是对会计、审计制度的改良，包括与国际会计准则的接轨、资产质量概念的明确与普及、财务报表与财务活动的衔接等；监管上主要是制定严密的监管流程和严厉的惩处措施，包括对会计从业者行为的规范、对资产质量结果的监督和核实、对财务舞弊等违规行为的重罚等。

在保证资产质量信息传递方面，证监会和证券交易所要发挥主导作用，首先是政策指引中须明确上市公司的"质量"所指，引导投资者关注盈余数据背后的资产质量状况。其次是制定提升会计信息传递的具体管理措施，包括监管上市公司会计信息披露的真实性与及时性、增加上市公司会计信息透明度的评价频率、规范交易规则和秩序等。再次是有效监督资本市场中各主体的活动行为，对于财务造假、内幕交易、恶意圈钱等恶劣行为零容忍，加大违规成本，净化资本市场风气，为资产质量的信息传递提供良好的外部环境。最后是多元化企业的上市要求，增加以体现企业实际财务状况的"质量"指标作为上市标准，从根本上对上市公司实现"去粗取精"，净化资本市场，保护投资者权益。

（二）市场中分析师和投资者的管理行为建议

研究结论显示，证券分析师的跟踪有助于提高资产质量的信息含量水平，分析师评级也是资产质量财务信息能够传递至资本市场的有效中间路径，表明证券分析师在资产质量的信息传递中扮演着不可或缺的角色。然而研究中发现证券分析师对上市公司的关注存在分布不均、扎堆分析的现象，分析师对证券的评级也是以积极推荐为主，难免存在乐观偏差。对此，我们建议证券分析师要抱有对投资者负责的心态，努力提升自身业务素质，提高工作效率，多元化关注客体，不可人云亦云，跟风分析；在分析内容上，增加资产质量等内容，引导投资者转变决策依据，更多地关注企业实际质量；作为投资机构也应合理分配分析师资源，鼓励所属分析师对潜力上市公司进行跟踪和分析，调节资本资源的流向。在评级方面，证券分析师实际发挥的中介作用有限，应鼓励他们对上市公司的评级客观化，谨慎评价，敢于指出上市公司问题，帮助投资者规避风险。

市场中的投资者包括机构投资者和散户，机构投资者持股在一定程度上可以发挥引导散户投资的作用，所以，我们一方面建议各类投资者谨慎投资，摒弃投机思想，以投资为目的，重视可以反映企业实际状况的资产质量指标；另一方面建议中小投资者提高自身素质和拓展专业知识，认知上市公司实际的内在价值，做到用手投票，不盲目跟风地理性决策。此外，提高投资者的专业素养和思想意识，对于增加我国市场中的理性投资者比例、强化资产质量的市场反应、提升市场的有效性和资本市场的健康程度意义深远。

（三）企业与利益相关者层面的管理行为建议

企业是资产的所有者或使用者，因此，企业内部的各类因素很可能会对资产质量产生影响，包括股权结构、内部控制、管理层和公司治理等。建议国有企业持续推进体制改革，加强公司治理作用，着力解决历史遗留的资产闲置、资产配置低效、财务懈怠等问题。企业加强中小股东对大股东的制衡，缓解代理问题，特别是"隧道挖掘"问题导致的资产质量恶化。内部控制方面遵照COSO标准，强化内部控制环境、控制活动和信息与沟通等内部控制要素的构建和完善，提高整体内部控制的有效性，全面提升资产的配置合理性和效率性，防止资产的价值减损。制定合理的高管激励机制，最好将其与资产质量的结果挂钩，避免以利润为考察的单一标准造成高管行为的扭曲，掩盖了企业真实的资产质量状况。同时，对管理层亦要奖惩并施，加大对管理层的监督力度，防止代理问题行为。例如对管理人员私吞公有资产、对资产高买低卖或低买高卖谋取自身利益、怠于资产管理等行为要制定有效的防治制度和措施。完善公司治理的结构，提高治理人员的专业素质，从整体上发挥公司治理对资产质量的治理作用。就资产质量各特征的组成来看，企业应重视资产的周转性特征，提高资产使用效率，增加资产对企业的效用，降低不良资产比率，提高有效资产占比等。企业还可以向具有优质资产质量的其他企业学习，借助外部力量切实改善资产质量状况。

在资产质量的信息传递过程中，企业作为资产质量信息的披露方，提高信息披露质量、降低与投资者的信息不对称程度也是重要方面。具体地，在公布财务报告时，披露更多与资产相关的信息和指标，可以参考国有企业业绩考察内容来报告资产质量结果，给投资者以更为直观的呈现；不限制财报公布时机，及时真实地对外披露与资产质量变动相关的财务和非财务信息，便于投资者掌握企业资产状况；根据财务活动的分类，细化报告经营性资产与投资性资产、经营性利润与投资性利润等项目，纠正投资者对企业绩效"一刀切"的判断方式。总之，企业应克服内、外部困难，服从政府监管，从源头上提高资产质量的信息效率。

企业的其他利益相关者对资产质量的影响也是明显的，例如上、下游供应商的商业信用度会影响资产中应收账款的周转性，债权人对债务金额和期限的限定会改变资产的安全性特征，员工的工作效率会在资产的购置、使用及利益转化的过程中发挥作用等。所以，各利益相关者应以企业可持续发展为重，关注并重视标的企业的资产质量情况。供应商、债权债务人的往来间要建立良好的信用机制；员工要明确主人翁意识，加强专业技能的训练，提高工作效率等，共同为资产质量的改善建立良性循环机制。

第三节 研究局限与展望

鉴于目前学术界对企业资产质量的评价、资产质量市场经济后果等问题的研究尚不成熟，现实需要却较为强烈，笔者便试图在前人研究的基础上，深化企业资产质量指标体系的构建和现状评价，探索资产质量信息含量及传递机制，以期从资产质量的角度打开资本市场信息作用机理的"黑匣子"，并得到一些有意义的结论。然而，不可否认的是，由于本人认知和能力的局限，本书仍然存在部分疏漏及不足之处，现将其整理如下，以便后续完善。

一、资产质量评价的行业局限性

本书构建的资产质量评价体系是以制造业上市公司为研究样本的，但是不同行业的资产配置差别较大，资产运行模式、产生效用的方式及企业对资产的预期效用都会有所不同,那么资产质量的评价体系和标准也会随之改变。也就是说,本书构建的资产质量评价体系不能推广运用于其他行业的企业中,对此,后续研究可以针对其他行业进行资产运行特征分析,构建与其相适应的资产质量指标体系和评价方法。

二、市场"噪音"考虑的不周全性

在对资产质量具有信息含量进行论证的过程中,从资产质量内部构成、信息环境、传递中介行为等因素对信息传递的过程机制和影响结果进行了探索,但这些因素的考察层面较为笼统和常见,并且忽略了市场"噪音"的影响,例如市场做多和做空机制的滥用、投资者非理性预期、内幕信息的泄露、虚假信息的制造和传播、"庄家"操盘等都会对资本市场定价效率产生影响,所以,在未来我们有需要将市场"噪音"进行控制,净化资产质量的市场结果考察。

三、资产质量经济后果的多元性与时效性有待进一步验证

资本市场股票价格波动是企业资产质量的经济后果之一,并且是中观层面的经济后果,我们相信实体企业质量是宏观经济健康的微观基础,那么,资产质量是否存在宏观层面的经济后果,与宏观经济之间的具体"纽带"是什么样的,都需要进一步的探索。另外,在信息含量研究中,本书只是对当期的信息含量进行了检验,未进一步研究其长期效应,一是考虑到我国资本市场呈弱式有效的现实背景,二是考虑到资产质量长期信息效应与盈余"漂移"的区别尚未清晰,因此,针对资产质量信息传递的时效性仍需进一步论证。

参考文献

[1] Abata M A. Asset quality and bank performance: a study of commercial banks in Nigeria [J]. Research journal of finance & accounting, 2014, 5 (18): 39—44.

[2] Aboody D, Lehavy R, Trueman B. Limited attention and the earnings announcement returns of past stock market winners [J]. Social science electronic publishing, 2010, 15 (2): 317—344.

[3] Aboody D, Lev B. The value-relevance of intangibles: the case of software capitalization [J]. Journal of accounting research, 1998, 36 (2): 161—191.

[4] Akerlof G A. The market for "lemons": quality uncertainty and the market mechanism [J]. The quarterly journal of economics, 1970, 84 (3): 488—500.

[5] Amihud Y, Mendelson H, Pedersen L H. Market liquidity: illiquidity and stock returns: cross-section and time-series effects [J]. Journal of financial markets, 2002, 5 (1): 31—56.

[6] Amihud Y, Mendelson H. Asset pricing and the bid-ask spread [J]. Journal of financial economics, 1986, 17 (2): 223—249.

[7] Ball R, Brown P. An empirical evaluation of accounting income numbers [J]. Journal of accounting research, 1968, 6 (2): 159—178.

[8] Ball R, Kothari S P, Robin A. The effect of international institutional factors on properties of accounting earnings [J]. Journal of accounting and economics, 2000, 29 (1): 1—51.

[9] Barber B M, Odean T. All that glitters: the effect of attention and news on the buying behavior of individual and institutional investors

[J]. Review of financial studies, 2008, 21 (2): 785-818.

[10] Baron R M, Kenny D A. The moderator - mediator variable distinction in social psychological research: Conceptual, strategic, and statistical considerations [J]. Chapman and hall, 1986, 51 (6): 1173-1182.

[11] Barth M E, Beaver W H, Landsman W R. The relevance of the value relevance literature for financial accounting standard setting: another view [J]. Journal of accounting and economics, 2001 (31): 77-104.

[12] Barth M E, Clinch G. Revalued financial tangible, and intangible assets: associations with share prices and non-market-based value estimates [J]. Journal of accounting research, 1998 (36): 199-233.

[13] Barth M E, Landsman W R, Lang M H. International accounting standards and accounting quality [J]. Journal of accounting research, 2008, 46 (3): 467-498.

[14] Barth M E. Fair value accounting: evidence from investment security and the market valuation of banks [J]. Accounting review, 1994, 69 (1): 1-25.

[15] Bartov E, Lindahl F W, Ricks W E. Stock price behavior around announcements of write-offs [J]. Review of accounting studies, 1998, 3 (4): 327-346.

[16] Baruch L, Paul Z. The boundaries of financial reporting and how to extend them [J]. Journal of accounting research, 1999, 37 (2): 353-385.

[17] Beaver W H, Clark W, Wright W F. The association between unsystematic security returns and the magnitude of earnings forecast errors [J]. Journal of accounting research, 1979, 17 (2): 316-340.

[18] Beaver W. H. Market prices, financial ratios, and the prediction of failure [J]. Journal of accounting research, 1968, 6 (2): 179-192.

[19] Beck T, Levine R, Loayza N. Finance and the sources of growth [J]. Journal of financial economics, 2004, 58 (1): 261-300.

[20] Beltrame F, Previtali D, Sclip A. Systematic risk and banks leverage: the role of asset quality [J]. Finance research letters, 2018 (27): 113—117.

[21] Bernstein D. Asset quality and scale economies in banking [J]. Journal of economics and business, 1996, 48 (2): 157—166.

[22] Bertoletti P, Poletti C. X－inefficiency, competition and market information [J]. Journal of industrial economics, 2003, 45 (4): 359—375.

[23] Bhattacharya U, Galpin N, Ray R, et al. The role of the media in the internet IPO bubble [J]. Journal of financial and quantitative analysis, 2009, 44 (3): 657—682.

[24] Brown L D, Caylor M L. Corporate governance and firm valuation [J]. Journal of accounting and public policy, 2006, 25 (4): 409—434.

[25] Brown L D, Richardson G D, Schwager S J. An information interpretation of financial analyst superiority in forecasting earnings [J]. Journal of accounting research, 1987, 25 (1): 49—67.

[26] Bunsis H. A description and market analysis of write－off announcements [J]. Journal of business finance & accounting, 1997, 24 (9): 1385—1400.

[27] Bushee B J, Core J E, Guay W. The role of the business press as an information intermediary [J]. Journal of accounting research, 2010, 48 (1): 1—19.

[28] Chakravarty S. Stealth－trading: which traders' trades move stock prices? [J]. Journal of financial economics, 2001, 61 (2): 289—307.

[29] Chan K, Chan L, Jegadeesh N, et al. Earnings quality and stock returns [J]. Journal of business, 2006, 79 (3): 1041—1082.

[30] Chan Y S, Greenbaum S I, Thakor A V. Information reusability, competition and bank asset quality [J]. Finance, 2004, 10 (2): 243—253.

[31] Chao C L. Asset write－offs and discretionary accruals: roles of executives' incentives, corporate governance, and market reaction [J]. SSRN Electronic journal, 2008 (9): 0—56.

[32] Charoenwong C, Chong B S, Yang Y C. Asset liquidity and stock liquidity: international evidence [J]. Journal of business finance & accounting, 2014, 41 (3-4): 435-468.

[33] Chen G M, Firth M, Gao D N, et al. Ownership structure, corporate governance, and fraud: evidence from China [J]. Journal of corporate finance, 2006 (12): 424-448.

[34] Chortareas G E, Girardone C, Ventouri A. Financial frictions, bank efficiency and risk: evidence from the Eurozone [J]. Journal of business finance & accounting, 2011, 38 (1-2): 259-287.

[35] Chung K H, Zhang H. Corporate governance and institutional ownership [J]. Journal of financial and quantitative analysis, 2011, 46 (1): 247-273.

[36] Claessens S, Demirguc-Kunt A, Huizinga H. How does foreign entry affect the domestic banking market? [J]. Policy research working paper series, 1998, 25 (5): 891-911.

[37] Collins D W, Xie P H. Equity valuation and negative earnings: the role of book vlue of equity [J]. The accounting review, 1999, 74 (1): 29-61.

[38] Craven B M, Marston C L. Investor relations and corporate governance in large UK companies [J]. Corporate governance: an international review, 1997, 5 (3): 137-151.

[39] Dyck A, Volchkova N, Zingales L. The corporate governance role of the media: evidence from Russia [J]. The journal of finance, 2008, 63 (3): 1093-1135.

[40] Easton P D, Harris T S. Earnings as an explanatory variable for returns [J]. Journal of accounting research, 1992, 29 (1): 19-36.

[41] Elliott J A, Shaw W H. Write-offs as accounting procedures to manage perceptions [J]. Journal of accounting research, 1988, 26 (supplement): 91-126.

[42] Ely K, Waymire G. Accounting standard-setting organizations and earnings relevance: longitudinal evidence from NYSE common stocks, 1927-93 [J]. Journal of accounting research, 1999, 37 (2): 293-317.

[43] Fama E F, Fisher L, Jensen M C, et al. The adjustment of stock prices to new information [J]. International economic review, 1969, 10 (1): 1-21.

[44] Fama E F. Efficient capital markets: a review of theory and empirical work [J]. The journal of finance, 1970, 25 (2): 383-417.

[45] Fan J, Wong T J. Corporate ownership structure and the informativeness of accounting earnings in East Asia [J]. Journal of accounting and economics, 2002, 33 (3): 401-425.

[46] Fang L, Peress J. Media coverage and the cross-section of stock returns [J]. Journal of finance, 2009, 64 (5): 2023-2052.

[47] Feltham G, Ohlson J. Valuation and clean surplus accounting for operating and financial activities [J]. Contemporary accounting research, 1995, Spring: 689-731.

[48] Flor C R, Hirth S. Asset liquidity, corporate investment, and endogenous financing costs [J]. Journal of banking & finance, 2013, 37 (2): 474-489.

[49] Foster G, Olsen C, Shevlin T. Earnings releases, anomalies, and the behavior of security returns [J]. The accounting review, 1984 (4): 574-603.

[50] Foster G. Stock market reaction to estimates of earnings per share by company officials [J]. Journal of accounting research, 1973, 11 (1): 25-37.

[51] Francis J, Hanna J D, Vincent L. Causes and effects of discretionary asset write-offs [J]. Journal of accounting research, 1996, 34: 117-134.

[52] Francis J, LaFond R, Olsson P, et al. Cost of equity and earnings attributes [J]. The accounting review, 2004, 79 (4): 967-1010.

[53] Francis J, Schipper K. Have financial statements lost their relevance? [J]. Journal of accounting research, 1999, 37 (2): 319-352.

[54] Frankel R, Kothari S P, Weber J. Determinants of the informativeness of analyst research [J]. Journal of accounting & economics, 2006, 41 (1/2): 29-54.

[55] Frankel R, Li X. Characteristics of a firm's information environment and the information asymmetry between insiders and outsiders [J].

Journal of accounting and economics, 2004, 37 (1/3): 229—259.

[56] Gaio C, Raposo C. Earnings quality and firm valuation: international evidence [J]. Accounting & finance, 2011, 51 (2): 467—499.

[57] Ge W, Kim J B, Song B Y. Internal governance, legal institutions and bank loan contracting around the world [J]. Journal of corporate finance, 2012, 18 (3): 413—432.

[58] Gertner R, Gibbons R, Scharfstein D. Simultaneous signaling to the capital and product markets [J]. Journal of economics, 1987 (19): 173—190.

[59] Givoly D, Hayn C K, Katz S P. Does public ownership of equity improve earnings quality? [J]. The accounting review, 2010, 85 (1): 195—225.

[60] Givoly D, Palmon D. Timeliness of annual earnings announcements: some empirical evidence [J]. Accounting review, 1982, 57 (3): 486—508.

[61] Gombola M J, Ketz J E. A caveat on measuring cash flow and solvency [J]. Financial analysts journal, 1983, 39 (5): 66—72.

[62] Gopalan R, Kadan O, Pevzner M. Asset liquidity and stock liquidity [J]. Social science electronic publishing, 2012, 47 (2): 333—364.

[63] Grossman S J, Stiglitz J E. On the impossibility of informationally efficient markets [J]. The American economic review, 1980, 70 (3): 393—408.

[64] Grundy B D, Kim Y. Stock market volatility in a heterogeneous information economy [J]. Journal of financial and quantitative analysis, 2002, 37 (1): 1—27.

[65] Gulati R, Higgins M C. Which ties matter when? The contingent effects of inter-organizational partnerships on IPO success [J]. Strategic management journal, 2003, 24 (2): 127—144.

[66] Harris M, Raviv A. Capital structure and the informational role of debt [J]. Journal of finance, 1990, 45 (2): 321—349.

[67] Hart O. The market mechanism as an incentive scheme [J]. Journal of economics, 1983 (14): 366—382.

[68] Healy P M, Palepu K G. Information asymmetry, corporate disclosure, and the capital markets: A review of the empirical

disclosure literature [J]. Journal of accounting and economics, 2001, 31 (1/3): 405—440.

[69] Hobbs J, Singh V. A comparison of buy-side and sell-side analysts [J]. Review of financial economics, 2015, 24 (1): 42—51.

[70] Hsu B. Asset quality in HKSAR's real estate markets: a public policy and legal analysis [J]. Pacific basin law journal, 2002, 19 (2): 263—285.

[71] Huberman G, Regev T. Contagious speculation and a cure for cancer: a nonevent that made stock prices soar [J]. The journal of finance, 2001, 56 (1): 387—396.

[72] Ikenberry D, Lakonishok J, Vermaelen T. Market underreaction to open market share repurchases [J]. Journal of financial economics, 1995, 39 (6): 181—208.

[73] Isa M Y B M. Islamic banks impaired financing: relationship between Shariah committee meetings frequency and Shariah risks compliance on assets quality [J]. Journal of statistical science and application, 2014, 2 (2): 47—54.

[74] Jegadeesh N, Kim J, Krische S D, et al. Analyzing the analysts: when do recommendations add value? [J]. The Journal of finance, 2004, 59 (3): 1083—1124.

[75] Jin L, Myers S C. R-squared around the world: new theory and new tests [J]. Journal of financial economics, 2006, 79 (2): 257—292.

[76] Joe J R, Louis H, Robinson D. Managers' and investors' responses to media exposure of board ineffectiveness [J]. Journal of financial & quantitative analysis, 2009, 44 (3): 579—605.

[77] Kaplan R S, Norton D P. The balanced scorecard-measures that drive performance [J]. Harvard business review, 1992, 70 (1): 71—79.

[78] Klein A. Audit committee, board of director characteristics, and earnings management [J]. Journal of accounting and economics, 2002, 33 (3): 375—400.

[79] Klein A. Firm performance and board committee structure [J]. The journal of law and economics, 1998, 41 (1): 275—304.

[80] Klock M S, Mansi S A, Maxwell W F. Does corporate governance matter to bondholders? [J]. Journal of financial and quantitative analysis, 2005, 40 (4): 693−719.

[81] Kluger B D, Stephan J. Alternative liquidity measures and stock returns [J]. Review of quantitative finance and accounting, 1997, 8 (1): 19−36.

[82] Kothari S P, Zimmerman J. Price and return models [J]. Journal of accounting and economics, 1995 (20): 155−192.

[83] Kross W, Schroeder D A. An empirical investigation of the effect of quarterly earnings announcement timing on stock returns [J]. Journal of accounting research, 1984, 22 (1): 153−176.

[84] Mak Y T, Eng L L. Corporate governance and voluntary disclosure [J]. Journal of accounting and public policy, 2003, 22 (4): 325−345.

[85] Landsman W R, Maydew E L, Thornock J R. The information content of annual earnings announcements and mandatory adoption of IFRS [J]. Journal of accounting & economics, 2012, 53 (1−2): 34−54.

[86] Libby R, Nelson M W, Hunton J. Recognition vs disclosure, auditor tolerance for misstatement, and the reliability of stock compensation and lease information [J]. Journal of accounting research, 2006 (6): 533−560.

[87] Meeker L G, Gray L. A note on non−performing loans as an indicator of asset quality [J]. Journal of banking & finance, 1987, 11 (1): 161−168.

[88] Miller G S. The press as a watchdog for accounting fraud [J]. Journal of accounting research, 2006, 44 (5): 1001−1033.

[89] Morck R, Yeung B, Yu W. The information content of stock markets: why do emerging markets have synchronous stock price movements? [J]. Journal of financial economics, 2000, 58 (1): 215−260.

[90] Muresan E R, Wolitzer P. Organize your financial ratios analysis with PALMS[J]. Ssrn electronic journal, 2003, 52 (1): 23−29.

[91] Murray A, Sinclair D, Power D. Do financial markets care about

social and environmental disclosure? [J]. Accounting, auditing & accountability journal, 2006, 19 (2): 228-255.

[92] Myers S C. Determinants of corporate borrowing [J]. Journal of financial economics, 1977 (5): 147-175.

[93] Nalebuff B J, Stiglitz J E. Prizes and incentives: towards a general theory of compensation and competition [J]. The bell journal of economics, 1983: 21-43.

[94] Nicholas D, Holthausen R W, Leftwich R W. Abnormal stock returns associated with media disclosures of "subject to" qualified audit opinions [J]. Journal of accounting & economics, 1986, 8 (2): 93-117.

[95] Ohlson J A. Earnings, book values, and dividends in equity valuation [J]. Contemporary accounting research, 1995, 11 (2): 661-687.

[96] Onaolapo A A. Implications of capital regulation on bank financial health and Nigerian economic growth 1990-2006 [J]. Journal of economics theory, 2008, 2 (3): 112-117.

[97] Pastory D, Mutaju M. The influence of capital adequacy on asset quality position of banks in Tanzania [J]. International journal of economics and finance, 2013, 5 (2): 179-194.

[98] Pham L T M, Vo L V, Le H T T, et al. Asset liquidity and firm innovation [J]. International review of financial analysis, 2018, 58 (7): 225-234.

[99] Philippe A, Mathias D, Patrick R. Competition, financial discipline and growth [J]. The review of economic studies, 1999 (4): 825-852.

[100] Pinches G E, Mingo K A, Caruthers J K. The stability of financial patterns in industrial organizations [J]. Journal of finance, 1973, 28 (2): 389-396.

[101] Pownall G, Wasley C, Waymire G. The stock price effects of alternative types of management earnings forecasts [J]. The accounting review, 1993, 68 (4): 896-912.

[102] Pownall G, Waymire G. Voluntary disclosure choice and earnings information transfer [J]. Journal of accounting research, 1989, 27

(1): 106−110.

[103] Rees L, Gill S, Gore R. An investigation of asset write-downs and concurrent abnormal accruals [J]. Journal of accounting research, 1996 (34): 157−169.

[104] Rees W P, Giner B. A valuation based analysis of the Spanish accounting reforms [J]. Journal of management & governance, 1999, 3 (1): 31−48.

[105] Robert M, Bushman R. Financial reporting incentives for conservative accounting: the influence of legal and political institutions [J]. Journal of accounting and economics, 2006, 42 (10): 107−148.

[106] Shannon C E. A mathematical theory of communication [J]. Bell system technical journal, 1948, 27: 3−55.

[107] Sibilkov V. Asset liquidity and capital structure [J]. Journal of financial and quantitative analysis, 2009, 44 (5): 1173−1196.

[108] Simon A, Nowland J. Long−term growth forecasts and stock recommendation profitability [J]. Asia−pacific journal of accounting & economics, 2015, 22 (2): 163−190.

[109] Spence M. Job market signaling [J]. The quarterly journal of economics, 1973, 87 (3): 355−374.

[110] Stivers A E. Unraveling of information: competition and uncertainty [J]. Journal of theoretical economics, 2004 (4): 1−30.

[111] Strong J S, Meyer J R. Asset writedowns: managerial incentives and security returns [J]. The journal of finance, 1987, 42 (3): 643−661.

[112] Sudipto B. Abstract: An exploration of nondissipative dividend−signaling structures [J]. Journal of financial & quantitative analysis, 1979, 14: 667−668.

[113] Verrecchia R E, Weber J. Redacted disclosure [J]. Journal of accounting research, 2006, 44 (4): 791−814.

[114] Verrecchia R E. Discretionary disclosure [J]. Journal of accounting and economics, 1983 (5): 365−380.

[115] Vuong. Likelihood ratio test for model selection and non−nested hypothesis [J]. Econometrics, 1989 (5): 307−333.

[116] Wall A. Ratio analysis of financial statement [J]. The accounting

review, 1928, 4 (3): 415-417.

[117] Wang M, Li Q. Empirical analysis on company's competitiveness from financial index [J]. 中国经济评论（英文版），2007, 252 (2): 54-59.

[118] Wang Q, Wong T J, Xia L. State ownership, the institutional environment, and auditor choice: evidence from China [J]. Journal of accounting and economics, 2008 (46): 112-134.

[119] Warfield T D, Wild J J, Wild K L. Managerial ownership, accounting choices, and informativeness of earnings [J]. Journal of accounting and economics, 1995, 20 (1): 61-91.

[120] Ze-To, Man S Y. Asset liquidity and stock returns [J]. Advances in accounting, 2016, 11 (35): 177-196.

[121] Zou Z, Yi Y. Entropy method for determination of weight of evaluating indicators in fuzzy synthetic evaluation for water quality assessment [J]. Journal of environmental sciences, 2006, 18 (5): 1020-1023.

[122] Zucca L J, Campbell D R. A closer look at discretionary writedowns of impaired assets [J]. Accounting horizons, 1992, 6 (3): 30-42.

[123] 步丹璐，叶建明. 资产减值、披露格式和信息含量——基于中国资产减值准备明细表的经验证据 [J]. 上海立信会计学院学报，2009, 23 (4): 49-57.

[124] 步丹璐. 资产减值的经济后果检验 [D]. 成都：西南财经大学，2008.

[125] 蔡艳萍，陈浩琦. 实体企业金融化对企业价值的影响 [J]. 财经理论与实践，2019, 40 (3): 27-34.

[126] 曹胜，朱红军. 王婆贩瓜：券商自营业务与分析师乐观性 [J]. 管理世界，2011 (7): 28-38.

[127] 岑成德. 上市公司成长性的实证研究 [J]. 商业研究，2002 (15): 36-38.

[128] 查尔斯·吉布森. 财务报表分析：利用财务会计信息 [M]. 刘筱青，译. 北京：中国财政经济出版社，1996.

[129] 陈丽花，黄寿昌，杨雄胜. 资产负债观会计信息的市场效应检验——基于《企业会计准则第 18 号——所得税》施行一年的研究 [J]. 会

计研究，2009（5）：31-39+98.

[130] 陈丽英，李婉丽. 上市公司盈余重述价值相关性[J]. 系统工程，2010（8）：5-12.

[131] 陈琪. 我国企业经营性资产质量实证分析——来自制造业A股上市公司的经验证据[J]. 财会通讯，2012（27）：88-89+106.

[132] 陈琪. 资产质量评价指标体系重构设想——基于财务报表项目分类列报观点[J]. 财务与会计，2011（10）：30-32.

[133] 陈信元，陈冬华，朱红军. 净资产、剩余收益与市场定价：会计信息的价值相关性[J]. 金融研究，2002（4）：61-72.

[134] 陈仲威，朱小平，娄欣轩. 资产质量概念框架研究[J]. 财会通讯，2010（13）：135-137.

[135] 程新生，谭有超，许垒. 公司价值、自愿披露与市场化进程——基于定性信息的披露[J]. 金融研究，2011（8）：111-127.

[136] 代冰彬. 盈余管理动机与减值信息市场反应——基于准则变迁视角[J]. 财会月刊，2015（15）：38-42.

[137] 邓传洲. 公允价值的价值相关性：B股公司的证据[J]. 会计研究，2005（10）：55-62.

[138] 杜勇，张欢，陈建英. 金融化对实体企业未来主业发展的影响：促进还是抑制[J]. 中国工业经济，2017（12）：115-133.

[139] 范培华，吴昀桥. 信号传递理论研究述评和未来展望[J]. 上海管理科学，2016（3）：69-74.

[140] 方军雄，伍琼，傅颀. 有限注意力、竞争性信息与分析师评级报告市场反应[J]. 金融研究，2018（7）：197-210.

[141] 方军雄. 高管超额薪酬与公司治理决策[J]. 管理世界，2012（11）：144-155.

[142] 方军雄. 市场化进程与资本配置效率的改善[J]. 经济研究，2006（5）：51-62.

[143] 方军雄. 所有制、市场化进程与资本配置效率[J]. 管理世界，2007（11）：35-43.

[144] 费明群，干胜道. 资产质量分析——基于我国上市公司的数据[J]. 财会通讯，2004（10）：10-12.

[145] 冯爱爱，高民芳. 资产质量与企业内部控制有效性的实证研究——基于制造业上市公司的经验数据[J]. 中国证券期货，2011（5）：64-66.

[146] 冯跃霞. 会计盈余与现金流量信息含量的研究 [D]. 成都：西南财经大学，2012

[147] 付强，扈文秀，康华. 股权激励能提高上市公司信息透明度吗？——基于未来盈余反应系数的分析 [J]. 经济管理，2019，41（3）：176-194.

[148] 甘丽凝，张鸣. 资产质量、债务融资与企业价值——来自中国A股上市公司经验证据 [J]. 新会计，2009（4）：33-36.

[149] 甘丽凝. 内部控制、资产质量与债务治理关系研究 [J]. 商场现代化，2012（8）：81-82.

[150] 甘丽凝. 资产质量、资本结构与企业价值——来自中国A股上市公司的经验证据 [D]. 上海：上海财经大学，2007.

[151] 干胜道，王生兵. 试论企业资产质量优化与评价 [J]. 四川大学学报（哲学社会科学版），2000（5）：49-52.

[152] 干胜道，王生兵. 资产：不同学科下的比较研究 [J]. 经济体制改革，2000（5）：127-129.

[153] 干胜道，杨微，王虹. 产权性质、政治关联与税费粘性 [J]. 现代财经（天津财经大学学报），2019（2）：45-58.

[154] 干胜道. 股东特质与企业财务行为之关系研究 [J]. 财会学习，2012（9）：13-15.

[155] 高雨，孟焰. 上市公司运用虚拟资产盈余管理的实证分析 [J]. 中央财经大学学报，2012（3）：84-89.

[156] 葛家澍，陈少华. 改进企业财务报告问题研究 [M]. 厦门：厦门大学出版社，2001.

[157] 顾水彬. 会计准则的IFRS趋同对会计信息质量影响研究——基于B-S分项的价值相关性检验 [J]. 财会通讯，2015（9）：10-13.

[158] 郭艳红，蒋帅，陈艳萍. 分析师评级预测价值的市态差异——来自2005—2016年中国股票市场数据实证 [J]. 管理评论，2019（8）：14-24.

[159] 郭照蕊，黄俊. 公司多元化经营与会计信息价值相关性——来自中国证券市场的经验证据 [J]. 中央财经大学学报，2020（1）：58-69.

[160] 郝臣. 公司治理的价值相关性研究 [D]. 天津：南开大学，2007.

[161] 贺武，刘平. 基于盈利能力的沪市上市公司资产质量实证研究 [J]. 财会月刊，2006（6）：19-20.

[162] 洪剑峭，方军雄. 审计委员会制度与盈余质量的改善 [J]. 南开管理

评论，2009（4）：109－114.

[163] 侯永建. 论超强有效市场［J］. 财贸经济，2005（12）：7－12.

[164] 侯宇，叶冬艳. 机构投资者、知情人交易和市场效率——来自中国资本市场的实证证据［J］. 金融研究，2008（4）：135－149.

[165] 胡金焱，郭峰. 有效市场理论论争与中国资本市场实践——2013年度诺贝尔经济学奖获奖成就实证检验［J］. 经济学动态，2013（12）：114－121.

[166] 胡永平，谢晶. 基于资产质量分析角度的财务报表分析［J］. 商业会计，2012（5）：61－63.

[167] 黄德忠，朱超群. 引入企业资产质量指标的财务风险预警模型［J］. 财会月刊，2016（3）：48－52.

[168] 黄革，李林. 机构投资者行为模式及对市场定价效率的影响［J］. 系统工程，2011（2）：21－26.

[169] 黄继承，盛明泉. 高管背景特征具有信息含量吗？［J］. 管理世界，2013（9）：150－159＋177.

[170] 黄静，肖潇，吴宏宇. 论信号理论及其在管理研究中的运用与发展［J］. 武汉理工大学学报（社会科学版），2016，29（4）：570－575.

[171] 黄霖华，曲晓辉. 证券分析师评级、投资者情绪与公允价值确认的价值相关性——来自中国A股上市公司可供出售金融资产的经验证据［J］. 会计研究，2014（7）：18－26.

[172] 姜付秀，黄继承. 市场化进程与资本结构动态调整［J］. 管理世界，2011（3）：124－134.

[173] 姜付秀，石贝贝，马云飙. 董秘财务经历与盈余信息含量［J］. 管理世界，2016（9）：161－173.

[174] 姜秀华，孙铮. 治理弱化与财务危机：一个预测模型［J］. 南开管理评论，2001，4（5）：19－25.

[175] 蒋艳辉，李林纯. 智力资本多元化信息披露、分析师跟踪与企业价值的关系——来自A股主板高新技术企业的经验证据［J］. 财贸研究，2014（5）：138－146.

[176] 李秉成，扬七中，刘芬芳. 上市公司财务困境比率征兆研究［J］. 财会通讯，2004（3）：73－75.

[177] 李慧云，刘镝. 市场化进程、自愿性信息披露和权益资本成本［J］. 会计研究，2016（1）：73－80＋98.

[178] 李嘉明，李松敏. 我国上市公司的资产质量与企业绩效的实证研究

[J]. 经济问题探索, 2005 (4): 104−107.

[179] 李江辉, 解维敏. 市场化进程对资本市场定价效率影响研究 [J]. 价格理论与实践, 2017 (9): 96−99.

[180] 李丽娟, 王乾斌, 朱凯. 递延所得税会计信息的价值相关性研究 [J]. 会计与经济研究, 2011 (1): 49−56.

[181] 李培功, 沈艺峰. 媒体的公司治理作用: 中国的经验证据 [J]. 经济研究, 2010 (4): 14−27.

[182] 李寿喜, 黄攀. 机构投资者持股、实际控制人性质与公司市值 [J]. 财会通讯, 2018 (20): 36−38.

[183] 李姝, 黄雯. 长期资产减值、盈余管理与价值相关性——基于新会计准则变化的实证研究 [J]. 管理评论, 2011 (10): 144−151.

[184] 李小晗, 朱红军. 投资者有限关注与信息解读 [J]. 金融研究, 2011 (8): 132−146.

[185] 李延喜, 曾伟强, 马壮, 等. 外部治理环境、产权性质与上市公司投资效率 [J]. 南开管理评论, 2015 (1): 25−36.

[186] 李勇, 左连凯, 刘亭立. 资产负债观与收入费用观比较研究: 美国的经验与启示 [J]. 会计研究, 2005 (12): 85−89+98.

[187] 李增泉. 实证分析: 审计意见的信息含量 [J]. 会计研究, 1999 (8): 16−22.

[188] 刘斌, 刘星, 黄永红. 中国上市公司可持续增长的主因素分析 [J]. 重庆大学学报, 2003, 26 (12): 111−116.

[189] 刘剑蕾, 栗媛. 市场化进程对 IPO 抑价的影响研究——基于信息不对称理论视角 [J]. 国际金融研究, 2019 (6): 87−96.

[190] 刘桔林. 上市公司主要财务指标与股票价格相关性实证分析 [J]. 学术论坛, 2014, 37 (2): 67−70.

[191] 刘睿智, 韩京芳. 大股东交易对市场定价效率的促进——基于错误定价与成长性驱动交易的视角 [J]. 系统工程, 2010, 28 (10): 15−22.

[192] 刘文军, 米莉. 董事会特征、资产质量与审计收费研究 [J]. 财经理论研究, 2009 (5): 108−112.

[193] 刘志纯. 上证 50 上市公司的综合评价 [J]. 长江大学学报 (社会科学版), 2005, 28 (5): 63−66.

[194] 柳学信, 苗宁柠. 国有企业绩效评价 40 年的回顾与展望 [J]. 会计之友, 2018, 600 (24): 156−161.

[195] 逯东,付鹏,杨丹. 媒体类型、媒体关注与上市公司内部控制质量 [J]. 会计研究, 2015 (4): 80-87+98.

[196] 罗进辉,吴祖光,黄震. 在建工程、公司治理与盈余价值相关性——来自 2002—2011 年中国 A 股上市公司的经验证据 [J]. 山西财经大学学报, 2012 (11): 120-129.

[197] 罗进辉. 媒体报道的公司治理作用——双重代理成本视角 [J]. 金融研究, 2012 (10): 153-166.

[198] 吕敏康,刘拯. 媒体态度、投资者关注与审计意见 [J]. 审计研究, 2015 (3): 66-74.

[199] 吕长江,金超,陈英. 财务杠杆对公司成长性影响的实证研究 [J]. 财经问题研究, 2006 (2): 80-85.

[200] 马连福,王丽丽,张琦. 混合所有制的优序选择:市场的逻辑 [J]. 中国工业经济, 2015 (7): 5-20.

[201] 马松,潘珊. A 股市场上分析师评级信息含量及其来源研究 [J]. 贵州财经大学学报, 2013, 31 (1): 55-63.

[202] 缪毅,胡奕明. 产权性质、薪酬差距与晋升激励 [J]. 南开管理评论, 2014 (4): 4-12.

[203] 欧阳爱平,周宁. 市场化程度对会计信息价值相关性的影响——基于中国 A 股的数据检验 [J]. 经济与管理研究, 2013 (11): 125-130.

[204] 潘海芳. 上市公司资产质量与成长能力相关性的实证研究 [D]. 重庆:重庆大学, 2009.

[205] 潘越,戴亦一,林超群. 信息不透明、分析师关注与个股暴跌风险 [J]. 金融研究, 2011 (9): 142-155.

[206] 庞晓波,呼建光. 分析师报告能够预测与解读财务报告吗——来自中国股市的经验证据 [J]. 财贸经济, 2011 (3): 44-49+68.

[207] 钱爱民,张淑君. 固定资产质量评价体系的构建与运用——以我国机械、设备、仪表制造业上市公司为例 [J]. 财会通讯, 2008 (10): 81-84+131.

[208] 钱爱民,张新民. 资产质量:概念界定与特征构建 [J]. 财经问题研究, 2009 (12): 99-104.

[209] 钱爱民,周子元. 经营性资产质量评价指标体系的构建与检验——来自我国化工行业 A 股上市公司的经验证据 [J]. 管理评论, 2009 (10): 109-115.

[210] 钱爱民. 公司财务状况质量综合评价研究:基于增长、盈利、风险三

维平衡视角［M］．北京：北京大学出版社，2011．

［211］权小锋，吴世农．媒体关注的治理效应及其治理机制研究［J］．财贸经济，2012（5）：61-69．

［212］权小锋，吴世农．投资者注意力、应计误定价与盈余操纵［J］．会计研究，2012（6）：48-55+95．

［213］饶育蕾，彭叠峰，成大超．媒体注意力会引起股票的异常收益吗？——来自中国股票市场的经验证据［J］．系统工程理论与实践，2010（2）：97-107．

［214］尚燕，王大伟，卢闯．资产负债观的会计准则可以提升资产质量吗——一项实证检验［J］．会计之友，2017（13）：9-14．

［215］邵红霞，方军雄．我国上市公司无形资产价值相关性研究——基于无形资产明细分类信息的再检验［J］．会计研究，2006（12）：27-34．

［216］沈华玉，郭晓冬，吴晓晖．会计稳健性、信息透明度与股价同步性［J］．山西财经大学学报，2017，39（12）：114-124．

［217］施先旺，胡沁，徐芳婷．市场化进程、会计信息质量与股价崩盘风险［J］．中南财经政法大学学报，2014（4）：81-88+97．

［218］宋献中，高志文．资产质量反映盈利能力的实证分析［J］．中国工业经济，2001（4）：78-81．

［219］孙铮，刘凤委，李增泉．市场化程度、政府干预与企业债务期限结构——来自我国上市公司的经验证据［J］．经济研究，2005（5）：52-63．

［220］谭劲松，宋顺林，吴立扬．公司透明度的决定因素——基于代理理论和信号理论的经验研究［J］．会计研究，2010（4）：28-35+97．

［221］唐国平，郭俊，吴德军．资产质量、实物期权与价值体现［J］．管理科学，2015，28（1）：83-95．

［222］唐国平，郭俊．资产质量、资产反应系数与公司治理［J］．财经问题研究，2015（4）：70-77．

［223］唐洁珑，郭俊，黄溪．资产质量、资产反应系数与企业价值［J］．中国注册会计师，2016（4）：60-65．

［224］唐松，胡威，孙铮．政治关系、制度环境与股票价格的信息含量——来自我国民营上市公司股价同步性的经验证据［J］．金融研究，2011（7）：182-195．

［225］唐松，温德尔，孙铮．"原罪"嫌疑与民营企业会计信息质量［J］．管理世界，2017（8）：106-122．

[226] 田丰. 我国地方政府债务风险预警体系研究 [J]. 金融经济, 2014 (8): 9-11.

[227] 万寿义, 李新丽. 媒体关注、市场化进程与企业社会责任 [J]. 东北财经大学学报, 2019 (4): 30-38.

[228] 汪海粟, 方中秀. 无形资产的信息披露与市场检验——基于深圳创业板上市公司数据 [J]. 中国工业经济, 2012 (8): 135-147.

[229] 汪弘, 罗党论, 林东杰. 行业分析师的研究报告对投资决策有用吗？——来自中国A股上市公司的经验证据 [J]. 证券市场导报, 2013 (7): 38-45.

[230] 王斌. 中国国有企业业绩评价制度: 回顾与思考 [J]. 会计研究, 2008 (11): 21-28+96.

[231] 王化成, 程小可, 佟岩. 经济增加值的价值相关性——与盈余、现金流量、剩余收益指标的对比 [J]. 会计研究, 2004 (5): 74-80.

[232] 王怀明, 卞琳琳, 刘爱军. 流动资产营运与盈利性、成长性关系分析——对中国农业上市公司的实证研究 [J]. 中国农学通报, 2007, 23 (9): 672-676.

[233] 王建新. 基于新会计准则的会计信息价值相关性分析 [J]. 会计与经济研究, 2010, 24 (3): 11-23.

[234] 王生兵, 谢静. 浅析资产质量 [J]. 软科学, 2000 (4): 18-20.

[235] 王鑫. 综合收益的价值相关性研究——基于新准则实施的经验证据 [J]. 会计研究, 2013 (10): 20-27.

[236] 王亚平, 刘慧龙, 吴联生. 信息透明度、机构投资者与股价同步性 [J]. 金融研究, 2009 (12): 166-178.

[237] 王永妍, 鲍睿, 卢闯. 审计师关注资产质量吗？——一项经验证据 [J]. 中央财经大学学报, 2017 (12): 46-61.

[238] 王永妍, 牛煜皓, 李昕宇, 等. 资产质量与公司违规行为 [J]. 商业经济与管理, 2018 (10): 88-99.

[239] 王跃堂, 孙铮, 陈世敏. 会计改革与会计信息质量——来自中国证券市场的经验证据 [J]. 会计研究, 2001 (7): 16-26.

[240] 王甄, 胡军. 控制权转让、产权性质与公司绩效 [J]. 经济研究, 2016 (4): 146-160.

[241] 温忠麟, 张雷, 侯杰泰, 刘红云. 中介效应检验程序及其应用 [J]. 心理学报, 2004 (5): 614-620.

[242] 吴世农, 王建勇, 黄世忠. 应收项目、应付项目的信息含量差异及其

影响——以融资成本与公司价值为视角的实证研究［J］. 厦门大学学报（哲学社会科学版），2019（5）：51-62.

[243] 吴水澎，徐莉莎. 新会计准则实施的效果——从价值相关性的角度［J］. 经济与管理研究，2008（6）：63-68.

[244] 吴晓晖，叶瑛，姜彦福. 资本自由化、企业绩效与区域经济增长——来自企业层面的中国证据［J］. 中国工业经济，2008（5）：38-47.

[245] 夏立军，方轶强. 政府控制、治理环境与公司价值——来自中国证券市场的经验证据［J］. 经济研究，2005（5）：40-51.

[246] 肖华，张国清. 内部控制质量、盈余持续性与公司价值［J］. 会计研究，2013（5）：75-82+98.

[247] 谢德仁，汤晓燕. 审计委员会主任委员本地化与公司盈余质量［J］. 审计研究，2012（6）：90-96.

[248] 谢建，吴德军，唐洁珑. 管理层能力、产权性质与会计信息价值相关性［J］. 当代财经，2015（8）：122-131.

[249] 谢晓霞. 有效市场假设理论在上海股市的实证检验［J］. 经济体制改革，2007（2）：134-137.

[250] 谢永珍. 资产质量与财务困境［J］. 财会月刊，2007（35）：23-25.

[251] 辛清泉，谭伟强. 市场化改革、企业业绩与国有企业经理薪酬［J］. 经济研究，2009（11）：70-83.

[252] 徐泓，王玉梅. 资产质量评价指标体系研究［J］. 经济与管理研究，2009（5）：117-121.

[253] 徐龙炳，陆蓉. 有效市场理论的前沿研究［J］. 财经研究，2001（8）：27-34.

[254] 徐文学. 企业资产质量特征的理论探讨［J］. 江苏商论，2007（6）：162-164.

[255] 徐文学. 上市公司资产质量实证研究——以江苏省制造业上市公司为例［J］. 财会通讯，2006（4）：134-135.

[256] 徐欣，唐清泉. 财务分析师跟踪与企业R&D活动——来自中国证券市场的研究［J］. 金融研究，2010（12）：177-193.

[257] 徐妤. 上市公司成长性影响因素研究——来自深市中小企业板的实证［D］. 北京：华北电力大学（北京），2008.

[258] 许家林. 西方会计学名著导读［M］. 北京：中国财政经济出版社，2004.

[259] 薛云奎，王志台. 无形资产信息披露及其价值相关性研究——来自上

海股市的经验证据［J］．会计研究，2001（11）：40-47．

[260] 闫绪奇，高雨．中国上市公司资产质量对盈余质量影响的实证分析［J］．宏观经济研究，2018（5）：84-93．

[261] 杨清香，俞麟，宋丽．内部控制信息披露与市场反应研究——来自中国沪市上市公司的经验证据［J］．南开管理评论，2012（1）：125-132．

[262] 杨善林，杨模荣，姚禄仕．股权分置改革与股票市场价值相关性研究［J］．会计研究，2006（12）：41-46．

[263] 杨硕，周煜皓．资产结构与股票价格相关性研究——来自我国创业板上市公司的经验证据［J］．当代会计，2017（7）：7-8．

[264] 杨文君，陆正飞．知识产权资产、研发投入与市场反应［J］．会计与经济研究，2018（1）：3—20．

[265] 杨兴全，曾春华．市场化进程、多元化经营与公司现金持有［J］．管理科学，2012（6）：43-54．

[266] 杨艳，陈收．控股股东的持股性质及其控制力对上市公司资本结构的影响［J］．系统工程，2007（2）：70-77．

[267] 应千伟，周开国，陈双双．中国资本市场中媒体关注与股票投资回报——风险补偿还是注意力驱动？［J］．证券市场导报，2015（5）：35-44．

[268] 于李胜，王艳艳．信息竞争性披露、投资者注意力与信息传播效率［J］．金融研究，2010（8）：112-135．

[269] 于忠泊，田高良，张咏梅．媒体关注、制度环境与盈余信息市场反应——对市场压力假设的再检验［J］．会计研究，2012（9）：40-51．

[270] 余海宗，丁璐．内部控制信息披露、市场评价与盈余信息含量［J］．审计研究，2013（5）：87-95．

[271] 余新培．资产质量和收益质量及其分析［J］．当代财经，2003（2）：119-121．

[272] 曾伟强，李延喜，张婷婷，马壮．行业竞争是外部治理机制还是外部诱导因素——基于中国上市公司盈余管理的经验证据［J］．南开管理评论，2016（4）：75-86．

[273] 张兵，李晓明．中国股票市场的渐进有效性研究［J］．经济研究，2003（1）：54-61+87+94．

[274] 张春景，徐文学．我国上市公司资产质量评价的实证分析［J］．财会

月刊，2006（7）：19-21.
- [275] 张付荣. 资产质量：本质、特征与评价体系［J］. 财会通讯，2010（28）：29-31.
- [276] 张国清，赵景文. 资产负债项目可靠性、盈余持续性及其市场反应［J］. 会计研究，2008（3）：51-57.
- [277] 张金昌. 国际竞争力评价的理论和方法［M］. 北京：经济科学出版社，2002.
- [278] 张麦利，徐文学. 企业资产质量及其影响因素分析［J］. 统计与决策，2004（12）：152-153.
- [279] 张晓岚，宋敏. 上市公司持续经营审计意见信息含量的差异性研究［J］. 审计研究，2007（6）：60-68.
- [280] 张新民，钱爱民，陈德球. 上市公司财务状况质量：理论框架与评价体系［J］. 管理世界，2019（7）：152-166.
- [281] 张新民，王秀丽. 企业财务状况的质量特征［J］. 会计研究，2003（9）：35-38.
- [282] 张新民，朱爽. 关于资产负债表的经济学思考［J］. 中国工业经济，2007（11）：90-97.
- [283] 张新民. 企业财务状况质量分析理论研究［M］. 北京：对外经济贸易大学出版社，2001.
- [284] 张新民. 资产：企业的资源配置战略［J］. 财务与会计，2015（21）：21-24.
- [285] 张烨，胡倩. 资产公允价值的信息含量及其计量——来自香港金融类上市公司的经验数据［J］. 证券市场导报，2007（12）：31-37.
- [286] 张云华，彭超，张琛. 氮元素施用与农户粮食生产效率：来自全国农村固定观察点数据的证据［J］. 管理世界，2019，35（4）：115-125.
- [287] 张志宏，孙青. 资产质量、盈余质量与公司价值［J］. 金融经济学研究，2016（3）：85-97.
- [288] 赵春光. 现金流量价值相关性的实证研究——兼评现金流量表准则的实施效果［J］. 会计研究，2004（2）：31-37.
- [289] 赵宇龙. 会计盈余披露的信息含量——来自上海股市的经验证据［J］. 经济研究，1998（7）：41-49.
- [290] 周建，袁德利，薛楠，等. 市场化进程与董事会治理对公司绩效的联合影响——基于中国A股市场的经验证据［J］. 数理统计与管理，

2014 (6)：75-83.

[291] 周开国，应千伟，陈晓娴. 媒体关注度、分析师关注度与盈余预测准确度 [J]. 金融研究，2014 (2)：139-152.

[292] 周夏飞，周强龙. 产品市场势力、行业竞争与公司盈余管理——基于中国上市公司的经验证据 [J]. 会计研究，2014 (8)：62-68+99.

[293] 周泽将，马静，胡刘芬. 高管薪酬激励体系设计中的风险补偿效应研究 [J]. 中国工业经济，2018 (12)：152-169.

[294] 周中胜，陈汉文. 会计信息透明度与资源配置效率 [J]. 会计研究，2008 (12)：58-64+96.

[295] 朱凯，李琴，潘金凤. 信息环境与公允价值的股价相关性——来自中国证券市场的经验证据 [J]. 财经研究，2008，34 (7)：133-143.

[296] 朱松. 企业社会责任、市场评价与盈余信息含量 [J]. 会计研究，2011 (11)：29-36+94.

[297] 朱武祥，宋勇. 股权结构与企业价值——对家电行业上市公司实证分析 [J]. 经济研究，2001 (12)：66-72+92.

[298] 庄学敏，罗勇根. 公允价值可靠性、相关性与内部控制质量——基于公允价值层级理论的经验研究 [J]. 现代财经（天津财经大学学报），2014 (12)：73-82.

[299] 庄学敏，罗勇根. 经济周期、行业竞争与公允价值相关性 [J]. 华东经济管理，2015 (3)：144-148.